Proyecto de investigación financiado por el Ministerio de Educación de China (20YJC740053)

教育部人文社会科学研究项目（20YJC740053）结项成果

Creencias sobre el aprendizaje de lenguas extranjeras. Revisión bibliográfica y reflexión

外语学习观念研究：综述与反思

Wang Jinwei
王晋炜　著

Neociencia

No se permite la reproducción total o parcial de este libro, ni su incorporación a un sistema informático, ni su transmisión en cualquier forma o por cualquier medio, sea éste electrónico, mecánico, por fotocopia, por grabación u otros métodos, sin el permiso previo y por escrito de la editora. La infracción de los derechos mencionados puede ser constitutiva de delito contra la propiedad intelectual (Art. 270 y siguientes del Código Penal).
Diríjase a CEDRO (Centro Español de Derechos Reprográficos) si necesita fotocopiar o escanear algún fragmento de esta obra. Puede contactar con CEDRO a través de la web www.conlicencia.com o por teléfono en el 91 702 19 70/93 272 04 47

Creencias sobre el aprendizaje de lenguas extranjeras. Revisión bibliográfica y reflexión

© 2024: Wang Jinwei

Publicado por Editorial Neociencia

ISBN: 978-84-127319-8-9

Recuento de palabras: 210,000

Tamaño de diseño: 6X9(152mmX229mm)

Primera edición: Marzo de 2024

Fecha de publicación: Marzo 2024

Lugar de publicación: Barcelona, España

Impreso en Inglaterra - Printed in England

Índice

Capítulo I.
Introducción

El concepto de las creencias es un constructo psicológico complejo. Debido a su naturaleza paradójica y complejidad, las creencias como constructo están plagadas de problemas de definición (Pajares, 1992; Subrahmanian, 2003). Pajares (1992) las califica como un constructo complicado. Barcelos (2003) describe las creencias como un concepto esquivo que desafía una definición clara. A pesar de esta dificultad definitoria, los investigadores han hecho varios intentos para definirlo, por lo que la revisión bibliográfica está repleta de muchas definiciones, aunque hay poco consenso entre los investigadores.

Los investigadores han definido las creencias de manera diferente, dependiendo del enfoque de investigación que adopten. Por lo tanto, Pajares (1992) afirma que definir las creencias es, en el mejor de los casos, un juego de elección del jugador. Se han definido como miniteorías, percepciones, teorías implícitas, representaciones del aprendiz, representaciones, etc. (Bernat y Gvozdenko, 2005). Dentro del enfoque normativo, los estudios definen las creencias como sinónimos de nociones preconcebidas, mitos o malentendidos (Barcelos, 2003). Horwitz (2015), figura clave en el enfoque normativo, define las creencias sobre el aprendizaje de idiomas como ideas sobre cómo las personas aprenden un segundo idioma.

Los estudios dentro del enfoque metacognitivo definen las creencias como conocimiento metacognitivo (Graham, 2006; Wenden, 1998). Wenden ha descrito el conocimiento metacognitivo como conocimiento sobre el aprendizaje (Wenden, 1998). En el enfoque contextual, los estudios consideran las creencias como elementos contextuales, dinámicos y sociales (Alanen, 2003; Barcelos, 2000; Woods, 2003). Pajares (1992) sostiene que gran parte de la confusión en la definición se debe a la falta de distinción entre creencias y conocimiento. Las creencias y el conocimiento se han utilizado indistintamente. Es difícil precisar dónde termina el conocimiento y comienza la creencia (Pajares, 1992). Las

distinciones se discuten con mayor detalle a continuación.

La falta de una distinción clara entre creencias y conocimiento es una de las mayores controversias en los estudios de creencias (Barcelos, 2000). Nespor (1987), en su estudio de psicología cognitiva, ha intentado establecer una distinción entre creencias y conocimiento al notar que el conocimiento puede ser evaluado o juzgado de manera consensual, mientras que las creencias no pueden ser evaluadas consensualmente. En otras palabras, el conocimiento se basa en la validez del consenso grupal, lo cual no es aplicable en el caso de las creencias. Los sistemas de creencias dependen más de los componentes afectivos y evaluativos que el sistema de conocimiento.

Los sistemas de creencias están compuestos principalmente por material episódico almacenado que se deriva de experiencias personales, episodios o eventos que continúan influyendo en la comprensión de eventos en un momento posterior. Las creencias residen en la memoria episódica, mientras que el conocimiento está semánticamente almacenado en una red asociativa y podría desglosarse en sus componentes lógicos (Pajares, 1992).

Otros investigadores, sin embargo, no creen que tal distinción sea posible y deseable. Por ejemplo, Pajares (1992) sostiene que el conocimiento cognitivo no está exento de su propio componente afectivo y evaluativo. Además, argumenta que la concepción de un conocimiento más puro que la creencia y más cercano a la verdad no es aceptable, porque ningún conocimiento y ninguna verdad pueden existir sin juicio y evaluación (Pajares, 1992).

Sin embargo, el punto más importante que surge de la discusión es que la creencia también es una forma de conocimiento; y este conocimiento, es decir, la creencia, influye en el conocimiento cognitivo (Barcelos, 2000; Pajares, 1992). El conocimiento y las creencias están intrínsecamente entrelazados. Las creencias, al ser afectivas, evaluativas y episódicas en su naturaleza, se convierten en un filtro a través del cual se interpretan nuevos fenómenos.

Woods (2003) considera necesaria otra distinción en la investigación de las creencias de los aprendices: la relación entre creencias y acción. La mayoría de los primeros investigadores, incluidos Horwitz (1988), Sakui y Gaies (1999), Victori y Lockhart (1995), y William y Burden (1997), han conceptualizado la relación 'creencia-acción' de forma que se podría inferir el tipo de acción o comportamiento lingüístico de los aprendices en el aprendizaje de idiomas a partir de sus creencias. En contraposición, investigadores como Argyris y Schon (1974) han propuesto la posibilidad de una causalidad inversa.

Si se aceptan las creencias como una forma de conocimiento, surge la pregunta de que podría la comprensión existente en psicología cognitiva y lingüística sobre el conocimiento procedimental, donde conocimiento y acción son intrínsecamente conectados, ¿aplicarse también a la relación creencias-acción?

Bajo la influencia de la visión constructivista social, investigadores como Barcelos (2000) y Kalaja et al. (2016) ven el conocimiento o las creencias como situados en la interacción real, siendo construidos activamente tanto por estudiantes como por maestros (Alanen, 2003; Woods, 2003). A medida que los investigadores han adquirido una comprensión más profunda de la naturaleza de las creencias y su relación con el comportamiento de aprendizaje, el papel de la acción se ha convertido en un principio más central en la investigación de creencias y la separación acción-creencia no es clara (Pajares, 1992).

El enfoque normativo en la investigación sobre las creencias en el aprendizaje de idiomas fue liderado por Horwitz, quien desarrolló un cuestionario ampliamente utilizado conocido como BALLI (Inventario de creencias sobre el aprendizaje de idiomas) (Horwitz, 1985). Este enfoque considera que las creencias son normativas y argumenta que las creencias de los estudiantes influyen en su comportamiento futuro (Barcelos, 2008). Los estudios en este enfoque básicamente describen y clasifican los tipos de creencias que mantienen los estudiantes de idiomas. Los investigadores clave en esta línea de investigación son Horwitz (1988), Kern (1995), Mantle-Bromley (1995), Mori (1999), Sakui y Gaies (1999), Cotterall (1995), Chawhan y Oliver (2000), Sheorey (2006), Martínez Agudo (2014), Barnet y Gvozdenko (2005). Sus estudios podrían dividirse en dos tipos: aquellos que han utilizado el instrumento BALLI y aquellos que han utilizado instrumentos similares a BALLI, pero desarrollaron sus propios cuestionarios (Cotterall, 1995, 1999; Sakui & Gaies, 1999).

Horwitz (1988) y Kern (1995) están entre los estudios más conocidos dentro de este enfoque y han inspirado muchos otros estudios. En el primero de su campo, Horwitz (1988) estudió las creencias sobre el aprendizaje de idiomas extranjeros de 241 estudiantes que estaban en el nivel universitario inicial. Su estudio descriptivo evaluó las creencias de los estudiantes sobre el aprendizaje de idiomas en cinco áreas principales: 1) aptitud para los idiomas extranjeros, 2) la dificultad del aprendizaje de idiomas, 3) la naturaleza del aprendizaje de idiomas, 4) estrategias de aprendizaje y comunicación y 5) motivación y expectativas (Horwitz, 1988). Los datos se recopilaron a través de una escala Likert en 34 ítems. Se pidió a los encuestados responder a cada una de las afirmaciones utilizando escalas que iban desde estar totalmente de acuerdo hasta estar totalmente en desacuerdo. El instrumento no produjo una puntuación compuesta, pero cada ítem fue calificado de forma independiente. Los resultados indicaron que aproximadamente el 75 por ciento al 91 por ciento de los estudiantes mantenían la creencia de que algunos idiomas son más difíciles que otros, algunos idiomas son más fáciles de aprender que otros, es mejor aprender inglés en países de habla inglesa, es importante practicar para aprender un idioma y que la amistad con una persona de habla inglesa ayudaría a aprender mejor el inglés (Horwitz, 1988). Su estudio también confirmó que los estudiantes abordan las tareas de aprendizaje de idiomas con ideas preconcebidas. Horwitz reconoció que el propósito de su estudio era describir las creencias de los estudiantes y sensibilizar a los maestros de que los estudiantes llegan a clase con creencias que no pueden ser ignoradas por los maestros si realmente están interesados en el progreso del aprendizaje de los estudiantes (Horwitz, 1988).

Muchos estudios posteriores siguieron el enfoque clásico de BALLI. Algunos replicaron los estudios originales, mientras que otros usaron el instrumento BALLI con diversas modificaciones y adaptaciones. Chawhan y Oliver (2000) replicaron el modelo BALLI en su investigación con 54 adultos aprendices de inglés en Australia Occidental. Participaron principalmente personas de comunidades indonesias, coreanas y japonesas, así como algunas de comunidades europeas. El cuestionario BALLI se adaptó a estudiantes en un contexto extranjero en Australia. Se pidió a los encuestados responder en una escala Likert de cinco puntos.

Las respuestas se convirtieron en puntuaciones numéricas; por debajo de 2.5 indicaban acuerdo, y por encima, desacuerdo. Se calcularon las frecuencias de acuerdos y desacuerdos en porcentajes. Para examinar las diferencias entre los grupos de hablantes indonesios, coreanos y japoneses, se utilizó la declaración más fuertemente calificada en cada una de las cinco áreas de creencias sobre el aprendizaje de idiomas descritas por Horwitz (1988).

Una prueba paramétrica de Kruskal-Wallis reveló diferencias significativas entre los tres grupos en las áreas de aptitud para idiomas extranjeros y motivación. En la aptitud para idiomas extranjeros, el 94.4% creía que la edad es un factor y que los niños aprenden más rápido. Casi el 80% pensaba que algunas personas tienen un talento especial para aprender un segundo idioma, pero solo el 25.9% creía poseerlo. Respecto a la dificultad del aprendizaje, alrededor del 78% opinaba que algunos idiomas son difíciles, y más del 40% consideraba el inglés de dificultad media. El 55.5% lo veía difícil y el 29.9% muy difícil. Más de la mitad pensaba que necesitarían de 5 a 10 años de estudio diario para aprenderlo.

En cuanto a la naturaleza del aprendizaje de idiomas, las declaraciones más acordadas destacaban la importancia de conocer la cultura del idioma objetivo y aprenderlo en su país nativo. El 70.3% valoraba conocer la cultura anglófona y el 92.5% creía que aprender en el país nativo es más efectivo. Aproximadamente el 40% veía el aprendizaje de gramática y vocabulario como lo más importante.

En estrategias de aprendizaje, el 76% valoraba una pronunciación excelente, mientras que solo el 7.4% pensaba que no deberían hablar hasta hablar bien. El 87% consideraba aceptable adivinar palabras desconocidas en inglés.

En cuanto a la motivación, los estudiantes de ESL estaban motivados por diversos factores, tanto instrumentales como intrínsecos. La evaluación general del estudio indicaba que, comparados con los sujetos de Horwitz (1988), los de Chawhan y Oliver (2000) tenían creencias más perjudiciales para el aprendizaje.

Mantle-Bromley (1995) modificó la cuarta parte y eliminó la quinta del instrumento BALLI original, además de la sección de motivación y expectativas para evitar repeticiones. En su estudio con estudiantes de FLEX en Kansas, usó 29 ítems de BALLI como pretest. Los resultados mostraron que el 69% creía posible alcanzar fluidez en dos años, lo que Mantle-Bromley interpretó como potencial fuente de frustración. El 41% pensaba que algunas personas tienen una aptitud innata para los idiomas, y el 26% se incluía en ese grupo. Respecto a la naturaleza del aprendizaje, el 44% igualaba el aprendizaje de vocabulario con el aprendizaje de idiomas y el 34% creía en el método de traducción, consideradas por la investigadora como creencias debilitantes.

Cotterall (1995) empleó su propio cuestionario en escala Likert para estudiar las creencias de estudiantes de idiomas. Construyó un cuestionario de 5 puntos basado en entrevistas con estudiantes de ESL sobre sus experiencias de aprendizaje. Administró este cuestionario de 26 ítems a 139 estudiantes adultos de ESL en el Instituto de Idioma Inglés de la Universidad Victoria de Wellington, Nueva Zelanda, durante el verano de 1992-1993. Su objetivo era identificar agrupaciones de creencias. El análisis factorial reveló grupos de ítems que variaban conjuntamente, resultando en seis factores: el papel del profesor, el de la retroalimentación, la independencia del alumno, la confianza del alumno en su capacidad de estudio, la experiencia previa en aprendizaje de idiomas y el enfoque hacia el aprendizaje. Cotterall examinó la influencia de estos factores, concluyendo que reflejan la disposición del alumno hacia la autonomía. En un estudio de seguimiento (Cotterall, 1999), modificó su cuestionario, añadiendo y eliminando ítems basados en publicaciones sobre Aprendizaje de Segundas Lenguas (SLA) de autores como Krashen (1981), Lightbown (1985) y Spolsky (1989). Este cuestionario de 90 ítems se aplicó a 131 estudiantes de inglés en la misma universidad.

Martínez Agudo (2014) investigó las creencias sobre el aprendizaje de idiomas de 211 estudiantes españoles de inglés como segunda lengua en el oeste de España. Inicialmente, se recopilaron datos de 218 estudiantes de dos escuelas secundarias, pero se incluyeron 211, descartando 7 cuestionarios incompletos. La edad promedio era de 17 años y habían estudiado inglés por un promedio de 12 años. Se utilizó un cuestionario de autoinforme de 45 ítems desarrollado por Sakui y Gaies (1999), basado en su mayoría en ítems del cuestionario BALLI. El análisis incluyó estadísticas descriptivas y el cálculo de frecuencias de acuerdo y desacuerdo. Estas declaraciones se categorizaron en cinco áreas de creencias. Dos de las afirmaciones más fuertes estaban relacionadas con la motivación: más del 88% de los encuestados creían que hablar inglés les abriría muchas oportunidades y más del 87% pensaba que les ayudaría a conseguir un buen trabajo. En cuanto al uso de estrategias, más del 85% creía en la importancia de la repetición en el aprendizaje. Respecto a la naturaleza del idioma, más del 85% opinaba que algunos idiomas son más fáciles que otros y más del 71% pensaba que es más fácil para los niños aprender inglés como segunda lengua. A pesar de valorar la comunicación, los estudiantes tendían a inclinarse hacia el método de gramática y traducción.

Sheorey (2006) investigó las creencias sobre el aprendizaje del inglés en estudiantes universitarios indios, enfocándose en tres preguntas principales. La primera era qué creencias tenían los estudiantes indios sobre aprender inglés como segunda lengua. La segunda, en qué medida sus creencias eran similares o diferentes a las de otros grupos. Y la tercera, si existían diferencias estadísticas significativas en las creencias de los estudiantes indios por género y competencia en inglés. Se recopilaron 700 cuestionarios de estudiantes en el primer y segundo año de pregrado, pero solo 683 fueron utilizables. Los participantes tenían entre 17 y 23 años y aproximadamente el 60% no había recibido instrucción en inglés en la escuela secundaria, aunque habían estudiado inglés durante 6 a 10 años. Se usó una versión modificada del instrumento BALLI de 35 ítems, que incluyó un nuevo ítem: *El aprendizaje de un idioma extranjero implica mucha memorización.* El instrumento se administró en varios colegios urbanos en India. Las respuestas de "de acuerdo" y "totalmente de acuerdo" se combinaron, al igual que "en desacuerdo" y "totalmente en desacuerdo". Solo se consideraron significativas las declaraciones con más del 66% de acuerdo o desacuerdo. Las declaraciones se categorizaron en cinco áreas, siguiendo el estudio de Horwitz (1988), y se calcularon medias y desviaciones estándar para cada categoría. La categoría de motivación y expectativas obtuvo la puntuación media más alta (3,95), seguida por aprendizaje y comunicación (3,58), naturaleza del aprendizaje del idioma (3,45), dificultad para aprender inglés (3,34) y aptitud para el aprendizaje de un segundo idioma/idioma extranjero (3,15). Los resultados indicaron alta motivación entre los estudiantes indios, mayormente de tipo instrumental, con mejores perspectivas laborales como un fuerte motivador. Una minoría indicó interés en construir relaciones con angloparlantes. A pesar de su alta motivación, muchos expresaron insatisfacción con su nivel de competencia en inglés, especialmente aquellos que no habían estudiado en escuelas de medio inglés. En estrategias de aprendizaje, el 88% valoraba las prácticas repetitivas y el 87% disfrutaba practicando. Contrario a la suposición de que la disposición a adivinar indica mayor competencia en inglés, los estudiantes más competentes se mostraron reacios a adivinar. El 85% acordó que permitir errores dificulta deshacerse de ellos, y creían en la importancia de la corrección en la comunicación.

En cuanto a la naturaleza del aprendizaje, la mayoría creía que aprender vocabulario y gramática es lo más importante. Alrededor del 60% creía que aprender inglés implicaba traducir del primer idioma.

Sobre la facilidad o dificultad para aprender inglés, la mayoría creía que algunos idiomas son más difíciles que otros y que el inglés es relativamente fácil. La mayoría pensaba que eventualmente hablarían bien inglés, y una ligera mayoría consideraba más fácil escribir y leer que hablar y entender.

Finalmente, en aptitud para idiomas extranjeros, el 74% creía que todos pueden aprender un segundo idioma, pero el 51% también creía en una habilidad especial para aprender. El 47% se consideraba poseedor de tal talento, y el 80% opinaba que es más fácil para los niños aprender un idioma extranjero.

La tercera pregunta de investigación de Sheorey (2006) buscaba determinar si había diferencias significativas en las creencias sobre el aprendizaje de idiomas según el género y la competencia. Los resultados de la prueba t independiente mostraron que no había diferencias significativas entre estudiantes masculinos y femeninos. Entre los estudiantes de escuelas con medio de instrucción vernáculo y en inglés, aquellos del medio vernáculo creían más en la existencia de una habilidad especial para aprender un segundo idioma. Los estudiantes indios fueron comparados con estudiantes estadounidenses (Horwitz, 1988; Kern, 1995), chinos (Yang, 1993) y coreanos (Truitt, 1995). Se encontraron diferencias en las creencias sobre el papel de la gramática y el vocabulario en el aprendizaje de idiomas; los estudiantes indios enfatizaban más estos aspectos que los estadounidenses. En cuanto a la aptitud para idiomas extranjeros, tanto estudiantes indios como estadounidenses creían en una habilidad especial, pero más estadounidenses que indios consideraban poseerla. Además, más estadounidenses discrepaban con la idea de no hablar inglés hasta hacerlo correctamente. El 88% de los estudiantes de India, China y Corea valoraban el aprendizaje por repetición. En comparación con estudiantes chinos y coreanos, más indios estaban de acuerdo en que la gramática y el vocabulario son los aspectos más importantes en el aprendizaje del inglés.

Los estudios mencionados y otros similares han sido criticados por aquellos que adoptan un enfoque contextual. Barcelos (2003) argumenta que estos estudios descontextualizan las creencias de los estudiantes, presentándoles oraciones aisladas para estar de acuerdo o en desacuerdo. Según ella, las creencias de los estudiantes podrían diferir significativamente de lo que se muestra en ítems en escalas Likert. Los críticos sostienen que los ítems de cuestionario podrían no reflejar las verdaderas creencias de los estudiantes o que estos podrían no considerarlas relevantes en su aprendizaje. Argumentan que los ítems de BALLI limitan a los encuestados a lo que los investigadores consideran importante.

En cuanto al enfoque metacognitivo, algunos investigadores definen la creencia como conocimiento metacognitivo. Graham (2006) y Winograd (1990) identificaron tres dimensiones centrales de las creencias: la agencia, la instrumentalidad y el propósito. La agencia se refiere a las creencias de los estudiantes sobre su capacidad para realizar ciertas tareas. La instrumentalidad trata sobre la percepción de los estudiantes en relación al uso de estrategias y el logro. El propósito se enfoca en si los estudiantes valoran lo que están haciendo. Este enfoque, al igual que el normativo, considera las creencias como un constructo estable, pero en lugar de utilizar cuestionarios, emplea entrevistas semiestructuradas para la recolección de datos, permitiendo a los estudiantes usar sus propias palabras y reflexionar sobre sus experiencias de aprendizaje de idiomas.

Wenden (1986) realizó entrevistas con 25 estudiantes de programas avanzados de idioma americano en la Universidad de Columbia para clasificar su conocimiento declarable sobre el aprendizaje de idiomas. La investigadora buscó respuestas a tres preguntas: 1) ¿Qué aspectos de su aprendizaje de idiomas podían describir los estudiantes, aparte de sus estrategias? 2) ¿Qué conocimientos podían proporcionar estas descripciones sobre el uso de estrategias? 3) ¿Cuál era la importancia de este conocimiento? Los participantes no habían vivido en América por más de dos años. Para minimizar los informes erróneos debido a lapsos de memoria, se les proporcionó un esquema de preguntas y se les pidió preparar una cuadrícula de actividades diarias. Antes de las entrevistas, se les solicitó describir sus entornos y luego responder preguntas sobre su participación en entornos sociales, estrategias de comunicación, percepciones sobre el idioma, manejo de errores, sentimientos en dichas situaciones y si consideraban que contribuían a su aprendizaje del idioma. Los resultados mostraron que los estudiantes podían hablar con claridad sobre su conocimiento metacognitivo, incluyendo aspectos como el idioma, su competencia, el proceso de aprendizaje y las estrategias efectivas. Sin embargo, algunas de sus creencias divergían de lo que se considera facilitador para el aprendizaje de idiomas.

Wenden (1987) investigó si las creencias prescriptivas de los aprendices se reflejaban en sus prácticas. Entrevistó a 25 estudiantes de ESL de la Universidad de Columbia y les proporcionó una lista de preguntas con anticipación. Los hallazgos indicaron que los estudiantes creían en el beneficio de aprender un segundo idioma en un entorno natural, en la importancia de la gramática y el vocabulario, y en el papel del autoconcepto y la aptitud en el aprendizaje.

Graham (2006) continuó su investigación anterior (Graham, 2004), donde examinaba las actitudes de estudiantes ingleses hacia el francés y sus opiniones sobre su rendimiento. El estudio anterior reveló que los estudiantes de alto rendimiento atribuían su éxito a su esfuerzo y uso de estrategias efectivas, mientras que los de bajo rendimiento lo atribuían a su habilidad o falta de ella. El estudio de seguimiento exploró en profundidad las creencias de los estudiantes sobre sí mismos, autoeficacia, y el valor que daban al esfuerzo, la habilidad y las estrategias. Se basó en datos cualitativos de 10 participantes de entre 16 a 18 años, pertenecientes a dos grupos: estudiantes intermedios preparándose para los exámenes GCSE y estudiantes avanzados preparándose para los exámenes *Advanced Subsidiary* (AS). Los datos se recopilaron a través de entrevistas de 28 estudiantes y se identificaron temas clave mediante lecturas preliminares. Las respuestas del cuestionario de los entrevistados se cruzaron con los temas identificados, enfocándose en aquellos ítems que pedían a los estudiantes evaluar su desempeño en francés, dar razones para su rendimiento y predecir sus calificaciones en los exámenes. Se seleccionaron diez participantes con creencias de autoeficacia claramente positivas o negativas para un análisis más detallado.

Los transcritos de las entrevistas de estos diez encuestados se analizaron con el paquete de software *QSR NUD*IST*, centrándose en tres preguntas: 1) ¿Cuáles son las características importantes de los estudiantes con baja autoeficacia y en qué difieren de los estudiantes con alta autoeficacia? 2) ¿Qué factores parecen influir en el desarrollo de estas creencias? 3) ¿Qué creencias relacionadas con tareas tienen los estudiantes con respecto a los roles respectivos de la habilidad y el esfuerzo en el aprendizaje de idiomas? Estos diez sujetos se clasificaron en el grupo de alta autoeficacia o baja autoeficacia según sus respuestas a estas preguntas. Aquellos clasificados en el grupo de baja autoeficacia respondieron negativamente a al menos dos de las siguientes tres preguntas: 1) ¿Era la calificación que ellos pronosticaron para sí mismos en su próximo examen igual o inferior a la que sus profesores pronosticaron? 2) ¿Hicieron referencias explícitas a una alta o baja habilidad en francés o a la probabilidad de tener éxito en el futuro? 3) ¿Estaba su evaluación de cómo les iba en francés en una escala del 1 al 6 (6 = muy bien) en el extremo superior o inferior de la escala, o en clara contradicción con la calificación del examen pronosticada? Sus respuestas se examinaron a la luz de la teoría de autoeficacia que indica que las personas con creencias negativas de autoeficacia tienden a hacer atribuciones mal adaptativas a su fracaso. Tienden a pensar que la razón de su fracaso es la falta de habilidad y no la falta de esfuerzo. Por el contrario, las personas con creencias positivas de autoeficacia atribuyen su fracaso o éxito a su esfuerzo. Los resultados de este estudio apoyaron la teoría. Dos de los cinco estudiantes en el grupo de creencias de baja autoeficacia atribuyeron su falta de éxito a la falta de habilidad y ninguno de ellos encontró explicaciones en el uso de estrategias deficientes. No asumieron responsabilidad por su falta de éxito. Sus datos de entrevista también indicaron que tendían a citar su rasgo de personalidad como la causa de su fracaso. También medían su éxito o fracaso comparándose con el rendimiento de otras personas. Esta es la característica de personas que carecen de experiencia de dominio. La experiencia de dominio es la sensación de logro. El desarrollo de creencias de baja autoeficacia es el resultado de la falta de experiencia de dominio, ya que atribuyeron su éxito pasado a su habilidad en lugar de a su esfuerzo. Los estudiantes en el grupo de creencias de autoeficacia positiva no citaron la falta de habilidad sino la falta de esfuerzo y la falta de estrategia para su éxito o fracaso. Ante la dificultad, perseveran y aumentan su esfuerzo.

El enfoque también ha sido criticado por quienes adoptan un enfoque contextual. Barcelos (2003) critica este enfoque por no tener en cuenta las acciones de los estudiantes en el proceso de recopilación de datos, ya que las creencias se han inferido solo de las declaraciones e intenciones de los estudiantes. Ella afirma que las creencias expresadas por los estudiantes pueden ser muy diferentes de sus creencias en acción (Barcelos, 2003).

Enfoque Contextual

La tercera línea de investigación es el enfoque contextual, que se centra en el contexto del aprendiz. Dentro de este enfoque, se considera que las creencias son dependientes del contexto y dinámicas. Las creencias están integradas en el contexto de los estudiantes (Kalaja et al., 2018). Mientras que los enfoques normativo y metacognitivo consideran las creencias como estáticas e invariables, el enfoque contextual, basado en la teoría sociocultural, ve las creencias como construidas y, por lo tanto, dinámicas y sujetas a modificaciones y transformaciones (White, 2008). Los investigadores utilizan múltiples métodos de recopilación de datos, como la observación participante, cuestionarios abiertos, entrevistas semiestructuradas, diarios de aprendices, informes escritos, narrativas (Alanen, 2003; Barcelos, 2000). El estudio de caso es el diseño de investigación más preferido en esta corriente de investigación. Los estudios se centran en menos muestras, pero con mayor profundidad. El interés de la investigación no radica tanto en comprender los atributos habilitadores o limitadores de las creencias, sino en cómo los estudiantes las utilizan (White, 2008). Woods (2003) afirma que la investigación dentro de este enfoque intenta mostrar los procesos de formación de creencias y el uso de la estructura de creencias en la realización de acciones relacionadas con el aprendizaje de idiomas.

El estudio más reconocido bajo este enfoque fue realizado por Barcelos (2000). El propósito de su estudio de caso era comparar y contrastar las creencias de tres profesores de inglés y tres de sus estudiantes, originarios de Brasil. En segundo lugar, la investigadora quería explorar cómo las creencias y prácticas de los profesores en el aula influían en las de los estudiantes y, en tercer lugar, cómo las creencias de los estudiantes sobre la adquisición de un segundo idioma y sus acciones afectaban a las creencias y prácticas de los profesores. El estudio se llevó a cabo en EE.UU., y los participantes fueron seleccionados mediante muestreo intencionado. La investigadora eligió a los estudiantes brasileños porque quería entrevistarlos en su lengua materna. La investigadora utilizó observación etnográfica en el aula, cuestionarios, entrevistas semiestructuradas y notas de campo para recopilar datos durante un período de cinco meses en 1999. La investigadora presentó los resultados del análisis de datos recopilados solo de dos participantes, un profesor y un estudiante. En respuesta a la primera pregunta de investigación, la investigadora encontró que había discrepancias entre las creencias del profesor y del estudiante en cuatro aspectos.

El primer aspecto era el ambiente del aula: el profesor creía que el aula debía ser amigable y relajada, donde los estudiantes no se sintieran amenazados por otros estudiantes ni profesores. El profesor también valoraba que los estudiantes hicieran muchas preguntas, tuvieran muchas actividades y juegos, y recordaran los nombres de los estudiantes. La estudiante creía que la clase debía ser provechosa, y que hacer ejercicios personales era más útil que las actividades en clase. Creía que las actividades en clase no daban resultados rápidamente.

El segundo aspecto era el papel del profesor. La estudiante creía que un profesor debía ser atento, estar dispuesto a ayudar a los estudiantes y tener métodos de enseñanza efectivos. El profesor consideraba que su papel era el de un facilitador, creando oportunidades de aprendizaje para los estudiantes, y que no era necesario saberlo todo.

El tercer aspecto se refería al papel del alumno. La estudiante creía que el papel de los estudiantes era mostrar interés en la clase, estar abiertos al aprendizaje y respetar al profesor, mientras que el profesor consideraba que el alumno debía ser activo y tomar responsabilidad por su propio aprendizaje y trabajar más de lo que el profesor espera.

El cuarto aspecto trataba sobre las reglas gramaticales. Los estudiantes valoraban el conocer las reglas gramaticales, mientras que el profesor creía que la gramática debería aprenderse a través de juegos y prácticas. La investigadora señaló que esta diferencia en las creencias del profesor y el estudiante no implicaba que no hubiera influencia. Generalmente, se interpreta que creencias similares entre profesor y estudiante indican que la creencia del estudiante está influenciada por la del profesor. La investigadora señaló que es mucho más complejo que esta simple relación causal. La investigación señaló que la influencia de las creencias del profesor no significa que el estudiante deba tener la misma creencia. Las acciones y el comportamiento del estudiante están determinados por las creencias y el comportamiento del profesor. El hecho de que la estudiante actuara de la manera en que lo hizo en este estudio, también se debió al sistema de creencias del profesor (Barcelos, 2000). La tercera pregunta de investigación buscaba responder cómo las creencias de los estudiantes influían en las creencias y prácticas de los profesores. En la entrevista, el profesor no reconoció que las creencias del estudiante influyeran en sus propias creencias. Sin embargo, la interpretación del profesor de las creencias de los estudiantes influyó en su acción. El profesor reconoció que dedicó mucho más tiempo a explicaciones gramaticales de lo que inicialmente quería. En general, las creencias del estudiante sobre la adquisición de un segundo idioma parecían afectar a las creencias y prácticas del profesor.

Otro estudio importante realizado dentro del enfoque contextual es el estudio de caso longitudinal de Alanen (2003) sobre un grupo de 16 jóvenes estudiantes finlandeses aprendiendo un idioma extranjero. El estudio examinó el desarrollo de las creencias de los estudiantes tal como emergieron en las entrevistas. El investigador definió las creencias de los estudiantes como medios mediacionales que los estudiantes utilizan para mediar en el aprendizaje de un idioma extranjero. La acción mediada utilizada como unidad de análisis en este estudio fue una entrevista semiestructurada. Se realizaron dos entrevistas en el estudio. La primera entrevista se llevó a cabo en primer grado en noviembre de 1998 utilizando preguntas muy generales y la segunda se realizó en mayo de 2000 después de la intervención de la tarea de aprendizaje de idiomas extranjeros. En la segunda entrevista participaron solo seis estudiantes, dos chicos y cuatro chicas. Esta entrevista utilizó preguntas más enfocadas, como preguntas sobre la dificultad de la tarea, la facilidad de la tarea y comparaciones de género en cuanto a si las chicas eran mejores aprendices de idiomas extranjeros que los chicos. El hallazgo interpretativo de esta investigación es que las creencias se construyen en el contexto social. Los padres y otras personas significativas juegan un papel importante en la formación de las creencias. En la entrevista, los niños se refirieron a sus personas significativas como mamá, papá, hermano y hermana. Los niños compartieron lo que su persona significativa había dicho. En segundo lugar, los hallazgos también mostraron que las creencias son contextuales y cambian con el tiempo.

En la entrevista, uno de los niños dijo en la primera entrevista que el idioma inglés era para chicas, y luego cambió su creencia en la segunda entrevista. La investigación concluyó que las creencias emergen en la interacción social y son apropiadas. Luego, estas creencias atraviesan una transformación con nuevas experiencias (Alanen, 2003).

Para resumir la discusión sobre el enfoque contextual para investigar las creencias de los estudiantes de idiomas, se podría decir que los investigadores dentro de esta corriente emplean una variedad de metodologías, por lo que podría llamarse enfoques contextuales en lugar de un enfoque. Los investigadores asumen que las creencias sobre el aprendizaje de un segundo idioma son dinámicas y sociales. Los métodos cualitativos e interpretativos son comunes a estos investigadores. Este enfoque permite el uso de múltiples fuentes de datos y un análisis en profundidad de los datos. Sin embargo, la principal desventaja de la investigación en este enfoque es la subjetividad y el enfoque interpretativo. Algunas de las interpretaciones parecen exageradas y proyecciones de las creencias de los propios investigadores.

Estudios sobre las creencias de los profesores en el aprendizaje de idiomas

La investigación sobre las creencias de los profesores, en comparación con la investigación sobre las creencias de los estudiantes, es un recién llegado en el campo de la Adquisición de Segundas Lenguas (ASL), aunque en el campo de la educación, se remonta a mediados de la década de 1970 (Kalaja & Barcelos, 2013). Las raíces del estudio de las creencias de los profesores se pueden encontrar en los trabajos de Lortie (1975), quien investigó el proceso de socialización de los profesores de lengua materna en la enseñanza (Kalaja et al., 2016; Kalaja & Barcelos, 2013). La investigación sobre las creencias de los profesores es importante no solo desde la perspectiva pedagógica, sino también debido a la influencia de los profesores en las creencias de los aprendices. Borg (2001) argumentó que los estudiantes forman sus creencias principalmente a través del modelado de personas significativas, y especialmente para los jóvenes aprendices, su profesor de idioma extranjero es una persona significativa. Los profesores transmiten a los aprendices lo que ellos tienen (Bailey, 1996, citado en Subrahmanian, 2003). Las prácticas de los profesores en el aula están influenciadas por lo que ellos sostienen, como señaló Johnson (1994: 439):

> First, teachers' beliefs influence both perception and judgment which, in turn, affects what teachers say and do in classrooms. Second, teachers' beliefs play a critical role in how teachers learn to teach, that is, how they interpret new information about learning and teaching and how that information is translated into classroom practices. And third, understanding teachers' beliefs is essential to improving teaching practices and professional teacher preparation programs.

Kalaja y Barcelos (2013) sostienen que las creencias de los profesores sobre el aprendizaje de idiomas tienen su origen en sus experiencias previas de aprendizaje y, posteriormente, sus creencias sobre el aprendizaje y la enseñanza dependen una de la otra. De igual manera que las creencias de los estudiantes influyen en su aprendizaje, las creencias de los profesores influyen en su enseñanza (Pajares, 1992).

Influencia de las creencias de los profesores de idiomas en sus prácticas

Varios estudios han corroborado la afirmación teórica de que las creencias de los profesores influyen en sus prácticas (Aristizábal, 2018; Johnson, 1994). Aristizábal (2018) señaló que las creencias y las prácticas coexisten en la cognición de los profesores de maneras intrincadas. Barcelos (2000) documentó algunos estudios tempranos (Johnson, 1992; Mangano & Allen; Smith, 1996) que mostraron consistencia entre las creencias de los profesores y sus prácticas. El estudio de Aristizábal (2018) evidenció la alineación de las prácticas de los profesores con sus creencias. Sin embargo, en algunas áreas de las prácticas de enseñanza se encontró cierta discrepancia con sus creencias. Esta discrepancia entre creencias y prácticas también ha sido documentada en otros estudios (Cheng et al., 2004; Díaz et al., 2012; Fang, 1996), donde los profesores creían que deberían evaluar comunicativamente, pero sus prácticas demostraban lo contrario. Barcelos señaló que esta discrepancia a veces se debe a factores contextuales donde los profesores son incapaces de ejecutar sus planes, resultando en prácticas contradictorias a sus creencias (Barcelos, 2000). En general, los investigadores concuerdan en la influencia de sus creencias en sus prácticas.

Relación entre las creencias de profesores y estudiantes

Debido a la naturaleza simbiótica de las creencias de profesores y estudiantes, la mayoría de los estudios sobre las creencias de los profesores de idiomas se han llevado a cabo en relación con las creencias de los estudiantes (Davis, 2003; Kern, 1995; Peacock, 2001; Wong, 2010). Kern (1995) realizó un estudio para examinar la relación entre las creencias de los estudiantes y los profesores sobre el aprendizaje de idiomas extranjeros. Incluyó a 188 estudiantes de francés inicial y a 12 profesores en la Universidad de California, Berkeley, de diversos orígenes culturales, siendo el 54% mujeres. A los estudiantes se les administró la versión para estudiantes del cuestionario BALLI, con 34 ítems, y a los profesores una versión adaptada con 27 de esos ítems. La recopilación de datos se realizó al principio y al final del semestre. Los resultados indicaron que estudiantes y profesores parecían similares en términos de grupo, pero diferían individualmente. Diferían especialmente en cuatro preguntas. Los estudiantes tendían a creer que era importante tener un excelente acento para hablar un idioma extranjero, mientras que los profesores no estaban de acuerdo. Similarmente, los estudiantes sentían que aprender un idioma extranjero era cuestión de aprender reglas gramaticales, lo cual los profesores también disputaban. Las otras dos preguntas donde hubo desacuerdo fueron "Es más fácil hablar que entender un idioma extranjero" y "aprender otro idioma es cuestión de traducir". Kern (1995) señaló que las diferencias individuales pueden no ser tan relevantes, pero sugirió que la observación de clases y entrevistas en profundidad con los estudiantes podrían ayudar a explicar estas diferencias.

Peacock (1999) comparó las creencias de los estudiantes con las de los profesores en un estudio que involucró a 202 estudiantes de entre 18 y 26 años, de 10 clases de inglés como lengua extranjera (EFL) impartidas por el investigador, y a 45 profesores de EFL del Departamento de Inglés. Este estudio también utilizó el instrumento BALLI. Se encontraron diferencias significativas entre las creencias de estudiantes y profesores: el 62% de los estudiantes, en comparación con el 18% de los profesores, creían que aprender un idioma extranjero es principalmente una cuestión de aprender vocabulario, y el 64% de los estudiantes, en comparación con solo el 7% de los profesores, pensaban que era cuestión de aprender reglas gramaticales. Además, el 57% de los estudiantes, en contraste con el 18% de los profesores, opinaba que aquellos que hablan muchos idiomas son más inteligentes.

Davis (2003) investigó las creencias sobre el aprendizaje de idiomas de 18 profesores de inglés y 97 estudiantes para determinar si existían diferencias entre estas dos poblaciones en Macao. Se utilizó un cuestionario cerrado en forma de escala Likert, incluyendo 10 ítems extraídos de Lightbown y Spada (1993). Se encontraron desacuerdos entre profesores y estudiantes en cuatro afirmaciones específicas: 1) Mayor éxito en el aprendizaje si se introduce un segundo idioma temprano; 2) Los profesores deben enseñar las reglas gramaticales una a la vez; 3) Los errores de los estudiantes deben corregirse instantáneamente; 4) Los estudiantes deben estar expuestos a materiales sobre los que ya están expuestos.

Capítulo II.

Creencias sobre la enseñanza y el aprendizaje

2.1. CREENCIAS DE LOS DOCENTES SOBRE LA ENSEÑANZA

La mayor parte de los estudios sobre creencias educativas ha documentado las creencias de los docentes en relación con la enseñanza. Dentro de este amplio campo, se distinguen varias subcategorías de estudios: aquellos que identificaron específicamente las creencias de los docentes sobre enseñar, los que investigaron cómo estas creencias impactan su práctica docente, los que examinaron la relación entre enseñanza y creencias epistemológicas, los que analizaron cómo factores contextuales influyen en las creencias de los docentes y los que exploraron la relación entre las creencias de los docentes y sus concepciones sobre el aprendizaje. Cada una de estas categorías es ahora examinada.

Creencias sobre la enseñanza

Varios estudios informan sobre cómo se han identificado y etiquetado las creencias de los docentes sobre la enseñanza (Åkerlind, 2004; Cliff, 1998; Curtner-Smith, 1997; Jewett, Bain y Ennis, 1995; Kember, 1997; Lawson, 1983; Maor y Taylor, 1995; Samuelowicz y Bain, 1992, 2001, 2002). A continuación, se considera una selección de estos estudios.

El trabajo progresivo de Samuelowicz y Bain ha ampliado nuestras visiones sobre las creencias de los docentes universitarios acerca de la enseñanza. Las cinco orientaciones hacia la enseñanza que identificaron en 1992 se ampliaron a siete en sus trabajos posteriores (2001). Estas orientaciones revisadas incluyen: 1) transmitir información; 2) transmitir conocimiento estructural; 3) facilitar y promover la comprensión; 4) ayudar a los estudiantes a desarrollar experiencia; 5) prevenir malentendidos; 6) negociar significados; y 7) fomentar la creación de conocimiento. Sus concepciones de 1992 y las orientaciones de 2001 abarcan una gama de ideas enfocadas tanto en la enseñanza como en el aprendizaje.

Las creencias de los docentes universitarios sobre la enseñanza también fueron investigadas por Kember (1997) y Åkerlind (2004). Kember encontró que las concepciones principales en un contexto universitario pueden describirse como centradas en el docente/contenido o en el estudiante/aprendizaje, con una categoría intermedia enfocada en la interacción estudiante-docente. El estudio de Åkerlind (2004) reveló que los docentes ven la enseñanza principalmente como una experiencia centrada en el docente o en el estudiante, incluyendo cuatro categorías: 1) transmisión del docente, 2) relaciones docente-estudiante, 3) participación del estudiante y 4) aprendizaje del estudiante. Åkerlind también identificó dos dimensiones adicionales en estas categorías, una relacionada con los beneficios del proceso de enseñanza-aprendizaje para los docentes y otra con los beneficios para la comunidad más amplia. Cliff (1998) también señaló esta última concepción.

La sistematización de las creencias de los docentes sobre la enseñanza en categorías centradas en los docentes o en los estudiantes se observó también en estudios de áreas más específicas. Investigadores han estudiado las creencias de enseñanza de los docentes de educación física (Lawson, 1983; Curtner-Smith, 1997; Jewett, Bain y Ennis, 1995). Lawson y Curtner-Smith describen orientaciones de entrenamiento o enseñanza en estos docentes, dependiendo de su enfoque en educar sobre educación física o entrenar habilidades deportivas. Jewett, Bain y Ennis describen cinco orientaciones de valor: dominio disciplinario; proceso de aprendizaje; autoactualización; responsabilidad social; e integración ecológica.

De forma similar a Åkerlind, Kember, y Samuelowicz y Bain, Maor y Taylor (1995) describen dos extremos de concepciones de enseñanza como pedagogía orientada a la transmisión y pedagogía orientada al constructivismo. Su método de categorización implica que los docentes se enfocan principalmente en transmitir contenido o facilitar el aprendizaje del estudiante. Este enfoque es similar al de Samuelowicz y Bain (2002), quienes identificaron orientaciones de los académicos hacia la práctica de evaluación, encontrando un continuo desde la reproducción hasta la construcción y/o transformación del conocimiento.

La importancia de los estudios mencionados, enfocados en las creencias de los docentes sobre la enseñanza, se puede evaluar en el contexto de sus prácticas o enfoques hacia la enseñanza. Este vínculo entre creencias y práctica justifica la intensiva investigación en el campo de las creencias educativas.

Creencias sobre la enseñanza en la docencia

Varios investigadores han examinado el impacto de las creencias de los docentes en su práctica docente, incluyendo a Andrews, Garrison & Magnusson (1996), Berliner (1989), Gilbert (1997), Gow & Kember (1993), Martin, Prosser, Trigwell, Ramsden & Benjamin (2000), Nasr, Booth & Gillett (1996), Oberg (1989), Prosser & Trigwell (1997), Rainer (1999) y Trigwell & Prosser (1996). Estos estudios se presentan cronológicamente para destacar la evolución histórica de las temáticas encontradas.

Berliner (1989), Oberg (1989) y Gow y Kember (1993) exploraron la importancia de las creencias de los docentes en relación con su práctica. Examinaron cómo las actitudes y el pensamiento de los docentes, fundamentales en su práctica docente, varían en diferentes contextos educativos. Berliner, por ejemplo, analizó el rol de las expectativas y creencias en la planificación y decisiones de los docentes, destacando cómo estas influyen directamente en su planificación.

Oberg (1989), en un trabajo contemporáneo al de Berliner, vinculó

las teorías de los docentes con la práctica docente. Mediante una metodología práctica, relacionó descripciones del trabajo docente con sus creencias e intenciones, enfocándose en cómo se traducen estas en la enseñanza diaria.

Gow y Kember (1993) investigaron en el contexto terciario de un colegio politécnico la relación entre la calidad de aprendizaje de los estudiantes y las concepciones de enseñanza de los docentes. Identificaron dos orientaciones principales: la facilitación del aprendizaje y la transmisión de conocimientos.

A finales de los 90, estudios adicionales (Andrews et al., 1996; Martin et al., 2000; Nasr et al., 1996; Rainer, 1999; Trigwell & Prosser, 1996) indagaron sobre cómo las creencias y las intenciones de los docentes afectan su enseñanza, elecciones instruccionales y el progreso de los estudiantes. Por ejemplo, Nasr et al. (1996) encontraron una correlación significativa entre las actitudes de los profesores universitarios hacia la enseñanza efectiva y su desempeño.

Trigwell y Prosser (1996) analizaron las intenciones instruccionales de los docentes universitarios y sus estrategias de enseñanza. Descubrieron que aquellos con una orientación hacia el cambio conceptual empleaban estrategias centradas en el estudiante, mientras que quienes se enfocaban en la transmisión de información preferían estrategias centradas en el docente. Prosser y Trigwell (1997) extendieron este análisis, concluyendo que la percepción que tienen los docentes de su enseñanza está directamente relacionada con su enfoque educativo.

Rainer (1999) investigó cómo las creencias de los docentes universitarios influyen en la implementación del currículo, mostrando que estas afectan no solo su práctica docente, sino también los enfoques de aprendizaje de los estudiantes. Gilbert (1997) abordó este tema en el contexto de docentes en formación en escuelas urbanas, demostrando el impacto de las expectativas negativas de los docentes en el aprendizaje y comportamiento de los estudiantes.

Martin et al. (2000) profundizaron en cómo las intenciones de los docentes están vinculadas a su práctica, revelando que aquellos con enfoques centrados en el docente ven el conocimiento como una mercancía transferible, mientras que los de enfoques centrados en el estudiante se enfocan en cómo los alumnos construyen conocimiento.

En conjunto, estos estudios examinan cómo las creencias de los docentes impactan en sus prácticas y viceversa, destacando una relación fuerte entre las ideas teóricas de los docentes y su aplicación práctica. Estos hallazgos subrayan la importancia de las creencias epistemológicas de los docentes en sus enfoques educativos y en los resultados de aprendizaje de los estudiantes.

Creencias epistemológicas en las creencias sobre la enseñanza

Dentro de los estudios sobre las creencias de los docentes acerca de la enseñanza consultados para esta revisión de estudios precedentes, emergió un tema adicional. Investigadores como Archer (1999), Brownlee (1998, 2001, 2002, 2003), Brownlee et al. (2002), Hofer y Pintrich (1997, 2002), Howard et al. (2000), Maor y Taylor (1995), Perry (1970), Pintrich (2002), Schommer (1990, 1993, 1998), Schommer y Walker (1995), Schommer-Aikens et al. (2000) y Schommer-Aikins (2002), han explorado la relación entre las creencias epistemológicas de los docentes y su impacto en las prácticas y creencias de enseñanza, así como su influencia en el aprendizaje de los estudiantes.

Las creencias epistemológicas, definidas generalmente como las creencias individuales sobre la naturaleza del conocimiento y los procesos de conocimiento (Hofer & Pintrich, 1997), varían desde posiciones objetivistas hasta relativistas. Estas se representan en un continuo de creencias que van de ingenuas a sofisticadas, con los individuos objetivistas viendo la verdad como absoluta y los relativistas reconociendo la naturaleza cambiante y sin fronteras del conocimiento.

Schraw (2001) destacó la importancia de que los docentes consideren y discutan sus creencias epistemológicas, dado su impacto en el aprendizaje de los estudiantes. Pintrich (2002) y Hofer (2002) también enfatizaron el efecto de las creencias epistemológicas personales en la enseñanza y el aprendizaje, sugiriendo que una comprensión más profunda de estas creencias puede mejorar la efectividad en la enseñanza.

Howard et al. (2000) y Archer (1999) examinaron las creencias epistemológicas desde la perspectiva de los docentes escolares. Howard et al. encontraron que los métodos de enseñanza constructivistas fomentan cambios en las creencias epistemológicas de los docentes en formación, las cuales están estrechamente relacionadas con sus creencias sobre la enseñanza y el aprendizaje. Archer, por su parte, investigó las creencias de los docentes de matemáticas de primaria y secundaria, hallando diferencias en la visión del conocimiento matemático entre ambos grupos.

El vínculo entre las creencias epistemológicas de los docentes y sus creencias de enseñanza ha sido documentado, en particular, por su impacto combinado en el aprendizaje de los estudiantes. Brownlee (2003) exploró este vínculo en estudiantes de formación docente de posgrado, encontrando una relación entre sus creencias epistemológicas y de enseñanza. Maor y Taylor (1995) también descubrieron que la postura epistemológica de un docente tiene un impacto más profundo en el aprendizaje de los estudiantes que los recursos informáticos utilizados, con aquellos de orientación constructivista facilitando experiencias de aprendizaje más enriquecedoras.

Pintrich (2002) resume la tendencia en la investigación de creencias epistemológicas, indicando que los individuos suelen evolucionar de una perspectiva objetivista a una relativista y finalmente a una más equilibrada y sofisticada. Esta interdependencia entre las creencias de enseñanza y epistemológicas de los docentes muestra cómo se pueden influir mutuamente, además de ser afectadas por diversos factores contextuales.

Influencia del contexto y la experiencia

Estos estudios precedentes se enfocaron en cómo las creencias de los docentes se desarrollan a partir de la exposición a una variedad de factores contextuales y el aumento en la experiencia docente (Brousseau et al., 1988; Buchmann, 1989; Curtner-Smith, 1997; de Neve, 1991; Entwistle & Walker, 2000; Greene & Zimmerman, 2000; Hanrahan & Tate, 2001; Lawson, 1983; McCarty et al., 1992; McKenzie, 1996; Nettle, 1998; Schuh et al., 2001; Whitman & Lai, 1990). Estos investigadores tendieron a centrarse en las creencias de docentes novatos en comparación con las de docentes expertos, examinando influencias como la socialización profesional y la progresión de novato a experto.

Algunos estudios que examinaron el impacto de los factores contextuales en las creencias de los docentes mostraron que procesos como la socialización profesional afectan sus creencias (Lawson, 1983; Buchmann, 1989). Curtner-Smith (1997) reportó que las experiencias de cursos de los docentes influían más en sus creencias que sus experiencias profesionales. Sin embargo, Nettle (1998) encontró tanto estabilidad como desarrollo en las creencias de los docentes en formación durante su experiencia práctica, cuestionando los hallazgos de Lawson, Buchmann y Curtner-Smith.

Los estudios sobre docentes en servicio y en formación también han buscado determinar el impacto de la experiencia docente en sus creencias (Brousseau et al., 1988; Greene & Zimmerman, 2000; Hanrahan & Tate, 2001). A pesar de examinar otros factores contextuales, se indica que la duración de la experiencia docente es la influencia más significativa en sus creencias. Otros estudios han confirmado que las creencias de los docentes se vuelven más complejas y sofisticadas con el aumento de la experiencia y la conciencia sobre temas de aprendizaje (de Neve, 1991; Dunkin & Precians, 1992; Entwistle & Walker, 2000; McKenzie, 1996), un desarrollo similar al observado en las creencias epistemológicas (Bendixen, 2002; Brownlee, 1998, 2001; Chan, 2000; Howard et al., 2000; Jehng et al., 1993). No obstante, como Nettle (1998) y Brownlee (2003) sugieren, algunas creencias de los docentes en formación se desarrollan debido a factores contextuales, mientras que otras no.

Además de la experiencia docente y la socialización profesional, otras investigaciones indican que las creencias de los docentes también son influenciadas por el contexto cultural en el que trabajan (Whitman & Lai, 1990) y su participación en procesos de reflexión (Schuh et al., 2001). El estudio de Whitman y Lai (1990) encontró diferencias en las creencias de enseñanza entre docentes de Japón y Hawái, atribuidas a diferencias socioculturales, mientras que Schuh et al. (2001) observaron que la reflexión puede jugar un papel significativo en el cambio o la estabilidad de las creencias.

En resumen, la mayoría de los estudios mencionados anteriormente proporcionan evidencia de que las creencias de los docentes son influenciadas por una variedad de factores contextuales. Sin embargo, algunos estudios sugieren que no todos los factores tienen un impacto significativo en las creencias de los docentes. Dados los resultados mixtos de estas investigaciones, las conclusiones a veces son contradictorias e inconclusas. Por lo tanto, cómo las creencias de los docentes son influenciadas por la experiencia y factores contextuales específicos sigue siendo un área que requiere más investigación.

Vínculo entre las creencias de los docentes sobre la enseñanza y el aprendizaje

Un grupo de estudios ha investigado la relación entre las visiones de los docentes sobre el aprendizaje y la enseñanza en distintos contextos (Andrews et al., 1996; Bryan, 2003; Curtner-Smith, 1997; Doyle, 1997; Gill et al., 2004; Greene & Zimmerman, 2000; Hancock & Gallard, 2004; McShane, 2002; Rainer, 1999).

Específicamente, varios estudios se han centrado en las creencias de los docentes universitarios (Andrews et al., 1996; McShane, 2002; Rainer, 1999). McShane (2002) analizó las metáforas usadas por académicos universitarios, interpretándolas como reflejo de sus creencias sobre la enseñanza y el aprendizaje. Por un lado, algunas metáforas colocan al docente en el centro del proceso de enseñanza, mientras que otras sugieren que su papel es más de facilitador del aprendizaje. Andrews et al. (1996) encontraron que los excelentes docentes universitarios integraban sus creencias sobre la enseñanza con las del aprendizaje. De manera similar, Rainer (1999) observó que las creencias de los docentes impactan en cómo los estudiantes experimentan el aprendizaje, especialmente en el rediseño de cursos.

Otra línea de investigación se enfocó en las creencias de los docentes en formación (Bryan, 2003; Curtner-Smith, 1997; Doyle, 1997; Greene & Zimmerman, 2000). Doyle (1997) descubrió que los docentes en formación con creencias más complejas sobre la enseñanza también tendían a tener visiones facilitadoras del aprendizaje. Curtner-Smith (1997) notó que aquellos con creencias más desarrolladas integraban en mayor medida sus creencias sobre el aprendizaje dentro de sus concepciones de enseñanza. Greene y Zimmerman (2000) encontraron que los docentes en formación con una comprensión más avanzada del aprendizaje veían este proceso como activo y social, y sus creencias sobre la enseñanza reconocían el rol activo del estudiante. Bryan (2003) ilustró la fuerte conexión entre las creencias sobre la enseñanza y el aprendizaje de los docentes en formación.

Además, se ha investigado cómo las creencias de enseñanza de los docentes están vinculadas a sus creencias epistemológicas (Gill et al., 2004; Hancock & Gallard, 2004). Mientras Gill et al. (2004) se enfocaron en las creencias epistemológicas de los docentes en formación de matemáticas, Hancock y Gallard (2004) examinaron el cambio en las creencias de docentes en formación de ciencias. En ambos casos, las creencias se asociaron con estilos de enseñanza dirigidos ya sea por el docente o por el estudiante.

En conclusión, los estudios mencionados ilustran la interconexión entre las creencias de los docentes sobre la enseñanza y el aprendizaje. Como señala Rainer (1999: 192), una influencia importante en nuestra visión de la enseñanza es nuestra visión del aprendizaje. Se ha identificado que la investigación adicional en este campo es un área que requiere más estudio (Bruce & Gerber, 1995; Samuelowicz & Bain, 2002; Trigwell et al., 1994).

2.2. CREENCIAS DE LOS DOCENTES SOBRE EL APRENDIZAJE

En años recientes, un conjunto de estudios ha analizado el impacto de las creencias de los docentes sobre el aprendizaje, incluyendo trabajos de Boulton-Lewis, Wilss & Mutch (1996), Bruce & Gerber (1995), Hancock & Gallard (2004), Kippen (2003), Orton (1996) y Pederson & Liu (2003). Al revisar estos estudios precedentes, emergieron varias subcategorías de investigación, tales como estudios que examinan las creencias generales de los docentes sobre el aprendizaje de los estudiantes, aquellos que detallan las creencias de los docentes sobre su propio aprendizaje, investigaciones que exploran el impacto de las creencias de aprendizaje de los docentes en su práctica y estudios que vinculan las creencias de aprendizaje de los docentes con sus creencias sobre la enseñanza.

A pesar de que varios estudios adicionales parecen enfocarse en investigar las creencias de los docentes sobre la enseñanza y el aprendizaje, muchos de ellos se centran principalmente en las creencias sobre la enseñanza, tratando las creencias sobre el aprendizaje de manera más periférica o incidental. Los siguientes estudios representan aquellos que se enfocan específicamente en las creencias de aprendizaje de los docentes.

En años recientes, un conjunto de estudios ha abordado el impacto de las creencias de los docentes sobre el aprendizaje. Estos incluyen investigaciones de Barrett & Rasmussen (1996), Brownlee (1998), Bruce & Gerber (1995), Orton (1996), entre otros. Algunos de estos estudios se enfocan específicamente en identificar las creencias de los docentes sobre el aprendizaje de los estudiantes, otros abordan las creencias de los docentes sobre su propio aprendizaje, y algunos exploran cómo estas creencias influyen en la práctica docente, así como la conexión entre las creencias sobre el aprendizaje y la enseñanza.

Bruce y Gerber (1995), por ejemplo, investigaron las opiniones de los docentes universitarios sobre el aprendizaje de los estudiantes, identificando seis categorías de concepciones de aprendizaje. Estas incluyen desde la adquisición de conocimientos a través de habilidades de estudio hasta la experiencia pedagógica participativa. Este estudio es notable por abordar las concepciones de aprendizaje desde la perspectiva del docente, un enfoque menos común en los estudios precedentes.

Brownlee (1998) clasificó las concepciones de aprendizaje de docentes en formación en tres categorías principales: estrategias de aprendizaje, concepciones de aprendizaje y resultados de aprendizaje. Orton (1996) resaltó la importancia de que los docentes reflexionen sobre sus propias creencias de aprendizaje, sugiriendo que esto clarifica su pensamiento y fundamenta su práctica. Barrett y Rasmussen (1996) observaron que las creencias de los docentes sobre el aprendizaje tienden a volverse más centradas en el estudiante a medida que experimentan una mayor variedad de eventos de enseñanza.

Los estudios precedentes revelan que los docentes tienden a sostener concepciones reproductivas o transformadoras del aprendizaje. Aquellos con creencias reproductivas ven a los estudiantes como pasivos y receptivos, mientras que los docentes con creencias transformadoras ven a los estudiantes como activos y enfatizan el crecimiento personal y el desarrollo cognitivo.

En cuanto a las creencias de los docentes sobre su propio aprendizaje, estudios como el de Boulton-Lewis et al. (1996) y Cliff (1999) han indagado sobre estas, usando los estudios precedentes sobre el aprendizaje adulto como marco teórico. Estos estudios muestran que los docentes a menudo ven el aprendizaje como un proceso de adquisición de hechos y habilidades.

Adicionalmente, el impacto de las creencias de aprendizaje de los docentes en su práctica docente ha sido explorado por investigadores como Cronin-Jones (1991), Ballone y Czerniak (2001), Wilson et al. (2002) y Kippen (2003). Estos estudios indican que las creencias sobre el aprendizaje influyen en las estrategias instruccionales elegidas por los docentes.

Finalmente, la relación entre las creencias de los docentes sobre el aprendizaje y la enseñanza es evidente. Los docentes con creencias reproductivas sobre el aprendizaje tienden a enfocarse en la retención y reproducción de información, mientras que aquellos con creencias transformadoras ponen énfasis en el crecimiento y cambio como parte del aprendizaje.

En resumen, esta sección de la revisión de estudios precedentes ha delineado varias creencias sostenidas por los docentes sobre el aprendizaje, mostrando su influencia en la práctica docente y cómo están relacionadas con sus creencias sobre la enseñanza. A continuación, la revisión se centra en las creencias de los estudiantes universitarios sobre el aprendizaje y la enseñanza.

2.3. CREENCIAS DE LOS ESTUDIANTES SOBRE EL APRENDIZAJE

En el campo de la investigación educativa, se ha prestado mucha atención a las creencias de los estudiantes sobre el aprendizaje. Este interés ha generado numerosos estudios que han identificado tanto las creencias de aprendizaje de los estudiantes como sus creencias epistemológicas, y han examinado cómo estas creencias impactan en sus prácticas de estudio y aprendizaje.

Dentro de estos estudios, algunos se han enfocado en identificar las creencias específicas de los estudiantes sobre el aprendizaje. Investigaciones de autores como Cliff (1998), Marton et al. (1993), Meyer (2000a), Meyer & Boulton-Lewis (1999), Purdie et al. (1996), Steketee (1997) y Van Rossum, Deijkers & Hamer (1985) han contribuido significativamente a este campo. Por ejemplo, Van Rossum et al. (1985) identificaron cinco concepciones diferentes de aprendizaje, que se han desarrollado y ampliado en estudios posteriores como el de Marton et al. (1993), quien añadió una sexta concepción.

Posteriormente, Purdie et al. (1996) consideraron la posibilidad de una concepción comunitaria o moral del aprendizaje en su estudio comparativo entre estudiantes japoneses y australianos, encontrando que los estudiantes japoneses veían el aprendizaje como una obligación social y un proceso de por vida. Este hallazgo apoya la idea de una concepción comunalista del aprendizaje, como se sugiere en el trabajo

de Cliff (1998), quien propuso la necesidad de más investigación en esta área.

Meyer y Boulton-Lewis (1999) también reconocieron la posibilidad de una concepción adicional del aprendizaje asociada con el deber, y sugirieron que este podría ser un constructo útil en futuras investigaciones sobre las concepciones de aprendizaje de los estudiantes.

Mientras que la mayoría de la investigación sobre las creencias de los estudiantes sobre el aprendizaje se ha realizado en contextos de educación secundaria y superior, el estudio de Steketee (1997) identificó seis concepciones de aprendizaje sostenidas por estudiantes de primaria, mostrando una progresión de concepciones simples a complejas.

Meyer (2000) desafió la idea común de que la memorización está asociada con niveles bajos de complejidad en el aprendizaje, al investigar diferentes modelos de memorización y descubrir que este proceso puede estar relacionado con el aprendizaje profundo.

La relación entre las creencias de los estudiantes y sus enfoques de aprendizaje y prácticas de estudio ha sido bien documentada. Estudios como los de Archer et al. (1996), Chapple (1999), Dart et al. (2000), Johnston (2001), Parr (1999) y Taylor (1996) han explorado cómo las creencias de los estudiantes influyen en sus propias prácticas de aprendizaje y en el contexto educativo más amplio.

El estudio de Chapple (1999), por ejemplo, tuvo como objetivo comprender el impacto de los factores contextuales en las concepciones de aprendizaje de los estudiantes, viéndolos como contribuyentes activos al complejo entorno del aula.

En resumen, los estudios precedentes sobre las creencias de los estudiantes hacia el aprendizaje muestran que estas concepciones pueden variar desde visiones simplistas, como la memorización, hasta concepciones más complejas y transformadoras. Además, estas creencias no solo influyen en sus propias prácticas de aprendizaje, sino también en el entorno educativo más Amplio.

El estudio de Chapple arrojó luz sobre cómo las creencias y enfoques de los estudiantes sobre el aprendizaje están influenciados por varios factores como la evaluación, el estilo de enseñanza y la duración de las horas de enseñanza. En el estudio, muchos participantes describieron el aprendizaje en términos de adquisición de conocimientos y habilidades específicas, con énfasis en la memorización y la aplicación práctica de lo aprendido. Esta descripción del aprendizaje como un proceso de adquisición y aplicación de conocimientos y habilidades refleja una visión más orientada hacia resultados concretos y tangibles.

Por su parte, Johnston (2001) enfatizó la relevancia de considerar las perspectivas de enseñanza y aprendizaje de manera conjunta. En su estudio, Johnston no solo se centró en las creencias de aprendizaje y los enfoques de aprendizaje de los estudiantes, sino que también exploró cómo estos están conectados con los enfoques de enseñanza dentro del mismo contexto educativo. Esta aproximación resalta la interdependencia entre enseñanza y aprendizaje y sugiere que las creencias y prácticas en uno de estos ámbitos pueden influir significativamente en el otro.

En este contexto, Johnston (2001) subraya la importancia de una comprensión integral que abarque tanto las estrategias y creencias de los estudiantes acerca del aprendizaje como las metodologías y enfoques pedagógicos de los docentes. Esta perspectiva integradora ofrece una visión más holística del proceso educativo, reconociendo la complejidad de las interacciones en el entorno de enseñanza-aprendizaje y la influencia mutua entre estudiantes y docentes.

Los hallazgos de Chapple y Johnston, por lo tanto, contribuyen al entendimiento de que el aprendizaje no es un fenómeno aislado,

sino que está profundamente arraigado en el contexto educativo más amplio, incluyendo las metodologías de enseñanza, las estrategias de evaluación y la estructura general del curso. Estas investigaciones subrayan la necesidad de abordar tanto las creencias de aprendizaje de los estudiantes como las prácticas de enseñanza de los docentes para lograr una comprensión más completa del proceso educativo.

Los resultados del estudio de Chapple sugieren que los estudiantes adoptan diferentes enfoques de aprendizaje en función de factores como la materia, la motivación y la tarea de aprendizaje específica. El estudio presentado en esta tesis lleva las ideas de Johnston un paso más allá, ampliando el enfoque para incluir no solo los enfoques de aprendizaje de los estudiantes y los enfoques de enseñanza de los docentes, sino también las creencias de los docentes sobre la enseñanza y el aprendizaje, y las creencias de los estudiantes sobre ambos aspectos.

En términos de la influencia de las creencias epistemológicas en las creencias sobre el aprendizaje y las prácticas de aprendizaje, esta revisión de los estudios precedentes cita una serie de estudios que han explorado cómo las creencias epistemológicas de los estudiantes afectan sus creencias sobre el aprendizaje y viceversa. Investigaciones de autores como Brownlee (2002), Chan (2000, 2002), Conley et al. (2004), Jehng et al. (1993), Perry (1970), Phillips (2001), Pintrich (2002), Schommer (1990, 1993a, 1993b), Schommer y Walker (1995), Schommer-Aikens et al. (2000), Schommer-Aikins (2002) y Schraw (2001) han contribuido a este campo.

La investigación de Perry (1970) estableció cuatro posiciones epistemológicas principales que varían desde creencias en verdades absolutas hasta creencias más flexibles sobre el conocimiento. Además, Moore (2002) propone dos modelos adicionales de creencia epistemológica: un modelo de experiencia y un modelo de enculturación/socialización.

Schommer ha aportado una comprensión teórica fundamental

sobre las creencias epistemológicas, estableciendo cinco tipos de sistemas de creencias relacionados con el aprendizaje. Ella argumenta que las creencias epistemológicas están inextricablemente ligadas a las prácticas y creencias de aprendizaje de los estudiantes. Schraw (2001) y Pintrich (2002) también reconocen la influencia de las creencias epistemológicas en el aprendizaje.

Varios estudios han explorado cómo las creencias epistemológicas de los estudiantes están vinculadas a sus creencias sobre el aprendizaje. Por ejemplo, Schommer (1993a) encontró que los estudiantes con creencias epistemológicas más sofisticadas tienen creencias de aprendizaje más complejas. Schraw (2001) vinculó las creencias epistemológicas de los estudiantes con la calidad de su pensamiento y aprendizaje.

Otros estudios se han centrado en cómo las creencias epistemológicas de los estudiantes se vuelven más complejas con el tiempo y cómo estas influyen en sus enfoques prácticos hacia el aprendizaje y su elección de estrategias de aprendizaje. Por ejemplo, Chan (2002) y Phillips (2001) han mostrado cómo las creencias epistemológicas de los estudiantes afectan su elección de estrategias de estudio.

En resumen, estos estudios confirman que las creencias epistemológicas y de aprendizaje de los estudiantes están interrelacionadas e influyen entre sí. Los hallazgos combinados sugieren que las creencias de los estudiantes sobre el aprendizaje influyen en sus prácticas de aprendizaje y que estas creencias se desarrollan a medida que aumentan sus experiencias de aprendizaje. Además, existe una relación entre las creencias epistemológicas de los estudiantes y sus creencias de aprendizaje.

En cuanto a las creencias de los estudiantes sobre el aprendizaje, la mayoría de los estudios se han centrado en estudiantes universitarios, y sus hallazgos indican que existen dos principales extremos en las concepciones de aprendizaje de los estudiantes: desde concepciones cuantitativas hasta cualitativas. Por lo tanto, las creencias de los estudiantes sobre el aprendizaje han sido investigadas de manera consistente, pero se necesita más investigación en el punto de intersección entre las creencias de los estudiantes y los docentes, lo que ha sido un enfoque especial en el estudio documentado en este trabajo.

Aunque la mayoría de los estudios sobre las creencias de los estudiantes se centraron en sus creencias sobre el aprendizaje, se encontró un grupo más pequeño de estudios que investigaron las creencias de los estudiantes sobre la enseñanza.

2.4. CREENCIAS DE LOS ESTUDIANTES SOBRE LA ENSEÑANZA

La investigación sobre las creencias de los estudiantes universitarios respecto a la enseñanza ha sido menos extensa en comparación con los estudios centrados en las creencias de los docentes. Esta brecha en los estudios precedentes fue destacada por Sweeney, O'Donoghue y Whitehead en 2004, quienes señalaron la falta de atención a las perspectivas de los estudiantes sobre diferentes enfoques de enseñanza a nivel terciario. Los estudios seleccionados para esta sección de la revisión de estudios precedentes se enfocan en las creencias de los estudiantes sobre la enseñanza en general y, más específicamente, sobre la enseñanza efectiva, así como en cómo estas creencias son influenciadas por su contexto de aprendizaje.

En términos de las creencias de los estudiantes sobre la enseñanza, hay evidencia creciente de investigaciones en este campo (Brownlee, 2001; Forrester-Jones, 2003; Grant, 2002; Kember & Wong, 2000). Forrester-Jones (2003) sugiere que el aumento de estas investigaciones refleja un cambio en el papel de los estudiantes como consumidores y participantes activos en el proceso de aprendizaje. Kember y Wong (2000) encontraron que las creencias de enseñanza de los estudiantes están vinculadas a sus creencias de aprendizaje. Brownlee (2001) también encontró que las creencias de enseñanza de los estudiantes están influenciadas por sus creencias epistemológicas. Grant (2002), por su parte, sugiere que las creencias superficiales sobre la enseñanza pueden ser reforzadas por ciertos medios culturales.

Kember y Wong (2000) abogan por una mayor consideración de la perspectiva estudiantil en la investigación sobre la calidad de la enseñanza. El estudio documentado en esta tesis ha seguido esta recomendación, incorporando tanto la perspectiva del estudiante como la del docente.

En cuanto a las evaluaciones de los estudiantes sobre la enseñanza, varios estudios han investigado cómo los estudiantes evalúan la enseñanza efectiva (Delucchi, 2000; Entwistle & Tait, 1990; Forrester-Jones, 2003; Rickards et al., 2001; Wazner, 1999; Young & Shaw, 1999). Estos estudios han mostrado que los estudiantes valoran características como la accesibilidad, el entusiasmo y la capacidad de construir una buena relación en los docentes efectivos.

Otros estudios han examinado cómo las creencias de los estudiantes sobre la enseñanza efectiva están influenciadas por factores como la presentación del contenido y los rasgos de personalidad de los docentes (Delucchi, 2000; Entwistle & Tait, 1990; Rickards et al., 2001; Wazner, 1999).

Por otro lado, la influencia del contexto y la experiencia en las creencias de los estudiantes sobre la enseñanza ha sido explorada por File y Gullo (2002) y Smith (2002), quienes encontraron que el contexto de aprendizaje y las experiencias académicas influyen en estas creencias. En contraste, Tatto (1996) descubrió que el contexto de formación docente no tenía un gran impacto en las opiniones de los estudiantes sobre la enseñanza.

En resumen, los estudios revisados indican que las creencias de los estudiantes sobre la enseñanza están influenciadas por sus propias creencias sobre el aprendizaje y por cómo perciben las habilidades y rasgos de personalidad de los docentes. Además, el contexto de aprendizaje puede tener un impacto en estas creencias.

Este análisis lleva a un objetivo clave de este estudio, que es investigar cómo las creencias de los maestros y los estudiantes sobre la enseñanza y el aprendizaje están relacionadas, ampliando así los estudios precedentes actual y vinculando conceptos que hasta ahora han sido examinados de manera separada. La siguiente sección de la revisión de estudios precedentes explorará esta posible superposición entre las creencias de maestros y estudiantes.

2.5. VINCULACIÓN ENTRE LAS CREENCIAS DE MAESTROS Y ESTUDIANTES

Los estudios precedentes consultada hasta ahora ha mostrado que las investigaciones sobre las creencias educativas de maestros y estudiantes a menudo se han realizado de manera aislada. Estos estudios, en una amplia gama de contextos educativos, suelen enfocarse en las creencias de los maestros sobre la enseñanza o el aprendizaje, o en las creencias de los estudiantes sobre los mismos temas, pero rara vez abordan ambas perspectivas en un único estudio. Por lo tanto, existe una notoria falta de investigaciones que comparen directamente las creencias educativas de maestros y estudiantes, y menos aún que examinen estas creencias en el mismo contexto y al mismo tiempo.

Esta disparidad en los estudios precedentes ha sido observada también por otros investigadores, quienes han sugerido la necesidad de un enfoque más integral para estudiar las creencias de maestros y estudiantes. Witcher et al. (2001), por ejemplo, abogan por una visión holística del proceso educativo que incluya tanto la enseñanza como el aprendizaje. Beck, Czerniak y Lumpe (2000), así como Tobin, Tippins y Gallard (1994), también recomiendan considerar las creencias de los estudiantes al investigar las de los maestros. ForresterJones (2003) reconoce las limitaciones de los estudios que no incluyen simultáneamente las perspectivas de maestros y alumnos.

Algunos estudios han abordado las creencias de maestros y estudiantes dentro de contextos escolares, enfatizando la necesidad de considerar las concepciones de ambos grupos y de investigar sus pensamientos en el mismo contexto educativo. Estos estudios resaltan la influencia que las creencias de los maestros sobre la enseñanza y el aprendizaje pueden tener en las creencias de sus estudiantes y viceversa.

En el contexto de la educación superior, el estudio de Trigwell et al. (1999) investigó la conexión entre los enfoques de enseñanza de los maestros y los enfoques de aprendizaje de los estudiantes, mostrando que los estilos de enseñanza transmisiva de los maestros fomentan estrategias de aprendizaje superficiales en los estudiantes. Tavares et al. (2000) realizaron un estudio similar, comparando las creencias de estudiantes y maestros universitarios sobre la enseñanza.

Los hallazgos de estos estudios subrayan la importancia de considerar tanto las creencias de los maestros como las de los estudiantes en cualquier investigación que implique la identificación y análisis de creencias educativas. Esta observación ha sido fundamental para el diseño de mi segunda pregunta de investigación: ¿Qué tan similares son las creencias educativas de los maestros universitarios y los estudiantes universitarios?

En conclusión, esta revisión de los estudios precedentes ha presentado un análisis de los estudios que han investigado las creencias de maestros y estudiantes sobre la enseñanza y el aprendizaje. La

siguiente sección de la revisión considerará los hallazgos y temas comunes identificados en estos estudios, organizados en términos de categorías, tendencias, lagunas y controversias en los estudios precedentes actual de creencias, así como áreas sugeridas para exploraciones futuras.

2.6. TEMAS EVIDENTES DE LOS ESTUDIOS PRECEDENTES

Durante la revisión de las cinco principales colecciones de estudios de investigación en el ámbito de las creencias educativas, se identificaron varios temas clave tanto dentro como a través de estas categorías. Estos temas incluyen: 1) categorías notables dentro de los estudios precedentes, 2) controversias destacadas en los estudios precedentes, 3) lagunas evidentes en los estudios precedentes y 4) perspectivas teóricas propuestas por los estudios precedentes.

Al igual que las categorías de estudios de creencias mencionadas anteriormente, los temas identificados han orientado la formulación de las preguntas de investigación de esta tesis. También han influido en las decisiones relacionadas con el diseño metodológico, el análisis de los datos y los métodos empleados para reportar los hallazgos.

Un tema destacado que emergió de esta revisión fue el enfoque de los investigadores en la selección de sus áreas de estudio, la elección de los participantes y sus preocupaciones específicas con respecto a la enseñanza o el aprendizaje. La integración de estas elecciones se refleja y detalla en las secciones subsiguientes de esta revisión.

Categorías notables

I. Estudios de creencias focalizada en categorías específicas de maestros, estudiantes, enseñanza y aprendizaje

Una estructura temática claramente definida en los estudios

precedentes de creencias, relevante para esta revisión, se basa en cómo los estudios de investigación se centran en las creencias de grupos específicos, principalmente maestros y estudiantes. Algunos de estos estudios restringen su enfoque a creencias particulares de maestros y estudiantes sobre el contenido enseñado o la disciplina del curso (tales como matemáticas, ciencias o sociología). Sin embargo, la mayoría investiga las creencias generales de maestros y estudiantes acerca de la enseñanza y el aprendizaje.

En este contexto, encontramos dos categorías principales en los estudios precedentes de creencias.

Estudios sobre las creencias de los maestros: Algunos se enfocan específicamente en sus creencias acerca de la enseñanza, mientras que otros abordan sus creencias sobre el aprendizaje. La mayoría se inclina hacia el estudio de sus creencias relacionadas con la enseñanza.

Estudios sobre las creencias de los estudiantes: Estos tienden a concentrarse en sus creencias sobre el aprendizaje, aunque también se exploran sus opiniones sobre la enseñanza.

Además, una categoría menos prominente investiga la interconexión entre las creencias educativas de maestros y estudiantes. Estas categorías han servido para organizar las principales áreas de esta revisión literaria, informando sobre hallazgos de estudios centrados en 1) creencias de los maestros sobre la enseñanza, 2) creencias de los maestros sobre el aprendizaje, 3) creencias de los estudiantes sobre el aprendizaje, 4) creencias de los estudiantes sobre la enseñanza y 5) la relación entre las creencias de maestros y estudiantes.

II. Estudios de creencias clasificados por nivel educativo

Además de las categorías claramente definidas en los estudios precedentes, basadas en la investigación de maestros y/o estudiantes y en los tipos principales de creencias educativas (es decir, enseñanza y aprendizaje), los investigadores han tendido a contextualizar sus estudios sobre las creencias de maestros y estudiantes en diferentes niveles educativos. Estos niveles incluyen educación preescolar, primaria, secundaria y terciaria. En el contexto de la educación terciaria, algunos investigadores han considerado a los estudiantes de formación docente como aprendices aún inscritos en cursos terciarios, mientras que otros estudios los han tratado como maestros novatos.

Dada la orientación de este estudio, se ha dado especial atención a aquellos trabajos centrados principalmente en el nivel de educación terciaria para esta revisión literaria.

III. Estudios realizados en contextos escolares

Numerosos estudios han investigado, identificado y documentado las creencias de maestros y estudiantes en instituciones educativas de niveles infantil, primario y secundario. Una revisión de estos trabajos reveló que:

La mayoría se enfocaron en las creencias educativas de los maestros, como muestra el estudio de McCarty, Abbott-Shim y Lambert (2001).

Un número menor de estudios abordó las creencias educativas de estudiantes de primaria o secundaria, tal como se ve en la investigación de Steketee (1997).

Muy pocos trabajos exploraron simultáneamente las creencias educativas de maestros y estudiantes escolares, como es el caso del estudio de Wing (1989).

A pesar de que estos estudios no se realizaron en el contexto de la educación terciaria, sus hallazgos han sido considerados en esta revisión literaria. La relevancia de su metodología, alcance de investigación y conclusiones sobre la naturaleza de las creencias educativas aportan perspectivas valiosas para este análisis.

IV. Estudios realizados en el contexto de la educación terciaria

Se ha observado un incremento en el número de estudios dedicados a las creencias de maestros y estudiantes universitarios. Algunas investigaciones se han enfocado específicamente en las creencias de los maestros, como es el caso del estudio de Entwistle y Walker (2000). Otros estudios han puesto su atención en las creencias de los estudiantes, ejemplo de ello es el trabajo de Archer et al. (1996).

Solo unos pocos estudios han adoptado un enfoque dual, examinando o reportando las creencias educativas de maestros y estudiantes en el mismo estudio, tal como se ve en la investigación de Tavares et al. (2000).

V. Estudios en el contexto de la formación de maestros

Además de enfocarse en las creencias educativas de maestros y estudiantes en niveles de educación primaria, secundaria y terciaria, una considerable proporción de los estudios precedentes se ha dedicado a estudiar las creencias de los maestros en formación. Estos también son conocidos como maestros en entrenamiento, estudiantes de formación docente o estudiantes-maestros. Una revisión de estos estudios indica que la mayoría de los estudios precedentes sobre creencias se ha centrado en las creencias de los maestros en formación, según lo destaca Pajares (1992). Esta área de investigación de creencias ha desarrollado su propio instrumento de investigación, como lo evidencia el trabajo de Nottis, Feuerstein, Murray y Adams (2000).

En general, estos estudios representan una tendencia significativa en los estudios precedentes sobre creencias de maestros, centrada específicamente en los maestros en formación, lo que merece una atención particular.

VI. Estudios de creencias clasificados por el nivel académico

Una revisión de estos estudios reveló que muchos se centraron en el campo educativo. Hubo debate sobre el alcance de las disciplinas a investigar: estrecho o amplio. Varios se enfocaron específicamente en una disciplina, como muestra el trabajo de Fives y Alexander (2001), o en un dominio académico particular, como el de Johnston (2001). Se han realizado menos estudios sobre las creencias de estudiantes y maestros en diversas disciplinas. Los estudios en contextos multidisciplinarios mostraron hallazgos controvertidos. Se recomendó más investigación sobre la relación entre visiones individuales de enseñanza y aprendizaje (Bruce & Gerber, 1995).

Al acceder a las creencias de maestros y estudiantes de una amplia gama de contextos, se anticipa que se podrían recopilar datos más ricos sobre sus creencias. Esta recomendación, sugerida por varios investigadores (Berliner, 1989; Bruce & Gerber, 1995; Quinlan, 1999; Samuelowicz & Bain, 2001), también fue adoptada en el estudio de esta tesis, que accedió a participantes de campos multidisciplinarios en distintas facultades universitarias.

VII. Controversias contextuales en los estudios precedentes

La presencia de hallazgos inconclusos e incongruentes señala varias cuestiones controvertidas evidentes en esta revisión de los estudios precedentes. La mayoría de estos hallazgos se relacionan con la influencia de ciertos factores contextuales en las creencias educativas de maestros y estudiantes. Algunos estudios indican que factores contextuales influyen en estas creencias, mientras que otros sugieren lo contrario o plantean dudas sobre esta influencia. Tan recientemente como en 2002, Moore plantea la pregunta: ¿En qué medida y de qué formas específicas varían las concepciones de los aprendices según los contextos de aprendizaje y entre diferentes subgrupos de estudiantes -raza, clase, cultura, habilidad, etc.-? Los factores contextuales abordados en los estudios precedentes incluyen la influencia de la experiencia, el trabajo del curso y los recursos, la socialización profesional, la disciplina del sujeto, la cultura y el género. A continuación, se presentan los hallazgos en cada una de estas áreas.

Influencia de la experiencia de enseñanza y aprendizaje

Varios estudios han explorado si la experiencia de los maestros influye en sus creencias. Igualmente, se ha investigado cómo la experiencia de aprendizaje de los estudiantes afecta sus creencias. La revisión de estos estudios muestra que muchos estudios se concentraron en las creencias de maestros novatos o experimentados, demostrando un aumento en la complejidad de sus creencias con más experiencia en la enseñanza (por ejemplo, Hanrahan & Tate, 2001).

Otros estudios hallaron que las experiencias de aprendizaje más amplias llevan a una mayor complejidad en las creencias educativas de los estudiantes (por ejemplo, Eklund-Myrskog, 1997). Aunque la mayoría de los estudios revisados sugieren que la experiencia aumenta la complejidad de las creencias educativas, algunos, como Cliff (1998), cuestionan esta idea.

Influencia de la socialización

Los estudios sobre cómo los procesos de socialización influyen en las creencias educativas han mostrado resultados mixtos. Estos estudios, enfocados en maestros, particularmente en formación o en las etapas iniciales de sus carreras, se realizaron principalmente en contextos escolares. Los hallazgos indican que algunos maestros en formación mostraron influencias de la socialización profesional en sus creencias (por ejemplo, Buchmann, 1989).

Sin embargo, las creencias y perspectivas de enseñanza de otros maestros en formación se mantuvieron similares a las adquiridas durante su formación docente, sin verse necesariamente influenciadas por la socialización profesional (por ejemplo, Graber, 1996).

Así, mientras algunos estudios revisados respaldan la idea de que la socialización profesional influye en las creencias de los maestros, otros sugieren que estas creencias no se ven afectadas por dicho proceso.

Influencia de la disciplina del sujeto

No se ha establecido de manera categórica si el campo de estudio o el área académica en la que un maestro o estudiante imparte o recibe

enseñanza influye en sus creencias educativas. Esta inconsistencia se refleja en dos conjuntos opuestos de hallazgos de investigación.

Unos estudios sugieren que las creencias son afectadas por el área de estudio (por ejemplo, File & Gullo, 2002). Otros indican que no necesariamente son influenciadas por esta (por ejemplo, Tatto, 1996).

El debate sobre si las creencias de maestros y estudiantes respecto a la enseñanza y el aprendizaje son influenciadas por su campo académico también ha sido investigado en el ámbito de las creencias epistemológicas (Calderhead, 1996; Gill et al., 2004; Hofer, 2000; Schommer & Walker, 1995). Un examen de estos estudios precedentes reveló que los estudios anteriores sugerían que las creencias epistemológicas eran generales. Investigaciones más recientes plantean que podrían ser generales o específicas de una materia (por ejemplo, Gill et al., 2004). Aunque la mayoría de los estudios revisados indican que el contexto del campo de estudio sí influye en la calidad de las creencias educativas de maestros y estudiantes, quizás la mejor recomendación, tras considerar esta investigación, es la de Eklund-Myrskog (1997), quien investigó la influencia del contexto en las creencias educativas de los estudiantes: 'Los resultados mostraron que las concepciones y enfoques son, hasta cierto punto, contextualmente dependientes' (p. 371).

Influencia de la cultura

Algunos investigadores que han contribuido a los estudios precedentes sobre creencias educativas han explorado cómo estas son influenciadas por factores culturales en el contexto de maestros y estudiantes. Los hallazgos principales de estos estudios sugieren que las diferencias en las concepciones de aprendizaje entre los estudiantes están relacionadas con sus antecedentes culturales (por ejemplo, Meyer & Kiley, 1998). Las diferencias socioculturales explican algunas variaciones en las creencias de enseñanza de los maestros (por ejemplo, Whitman & Lai, 1990). El contexto cultural puede influir en las creencias epistemológicas de los maestros en formación (por ejemplo, Chan, 2000).

Sin embargo, a pesar de que estos estudios proporcionan evidencia de que el contexto cultural afecta las creencias, hay investigaciones que sugieren lo contrario, indicando que ni la etnia ni el contexto cultural influyen significativamente en las creencias educativas de los estudiantes (por ejemplo, Conley et al., 2004).

Considerando todos estos estudios juntos, aún no se ha confirmado si el contexto cultural de maestros y estudiantes influye en sus creencias educativas. Este tema ha sido señalado como un área de investigación potencial por Pintrich (2002).

Influencia del género

Aunque no se investigue de manera aislada, el impacto del género en las creencias de maestros y estudiantes se ha estudiado junto con otros factores contextuales. Meyer (2000: 171) señala que el género como fuente de variación en el aprendizaje de los estudiantes es un fenómeno relativamente inexplorado dentro de los estudios precedentes sobre la experiencia estudiantil de aprendizaje... la evidencia en apoyo de diferencias basadas en género es insuficiente en esta etapa para sostener un argumento generalizado.

Los estudios que han abordado la influencia del género en las creencias educativas han encontrado que el género sí influye en las creencias educativas de los individuos hasta cierto punto (por ejemplo, Baxter Magolda, 1988, 1993). No se ha demostrado que el género juegue un papel significativo en el desarrollo o la naturaleza de las creencias educativas de los estudiantes (por ejemplo, Conley et al., 2004) o en las creencias educativas de los maestros (por ejemplo, Brousseau et al., 1988). El género no se considera un factor suficiente para explicar las diferencias de grupo en creencias epistemológicas (por ejemplo, Pintrich, 2002).

Conclusión sobre las influencias contextuales en las creencias

Aunque investigaciones recientes apoyan la idea de que las creencias de maestros y estudiantes están influenciadas por factores contextuales como la experiencia, la socialización, la disciplina académica, la cultura y el género, aún no existe un consenso firme en los estudios precedentes sobre estos temas. Las diferentes interpretaciones de los factores contextuales en estos estudios podrían explicar las discrepancias en este ámbito de investigación. Además, considerar los factores contextuales como variables sociales en la investigación educativa puede ser una tarea compleja y de resultados limitados.

Los estudios mencionados en esta sección se han centrado en las controversias sobre los factores contextuales y su relación con las creencias educativas, enfocándose principalmente en maestros en formación o con experiencia y estudiantes de escuelas. Los estudios en contextos de educación superior se han inclinado más hacia los estudiantes universitarios, con menos atención a cómo los factores contextuales afectan a los maestros universitarios.

VIII. Perspectivas teóricas y epistemológicas en los estudios precedentes

La revisión de los estudios precedentes realizada hasta este momento ha revelado tres perspectivas teóricas principales: epistemológica, educativa y psicológica. Estas ofrecen diferentes enfoques para entender cómo se identifican inicialmente las creencias de maestros y estudiantes y, más adelante, cómo algunas de estas creencias están interconectadas. Esta identificación y conexión entre las creencias de maestros y estudiantes son aspectos clave que reflejan directamente las dos preguntas de investigación principales que han guiado el diseño y la realización de este estudio.

La perspectiva epistemológica, debido a su estrecha relación con los conceptos de conocimiento y aprendizaje, se ha convertido en un tema recurrente en los estudios precedentes de creencias. Esta superposición entre creencias sobre el aprendizaje y el conocimiento conlleva una cierta ambigüedad que merece ser reconocida en esta revisión. La incertidumbre en torno a los términos 'creencias' y 'conocimiento', así como el debate sobre si las creencias sobre el aprendizaje derivan de creencias sobre el conocimiento o viceversa (Hofer & Pintrich, 2002; Schommer-Aikins, 2002), ha impulsado una expansión en los estudios de creencias epistemológicas: las creencias epistemológicas, o creencias sobre la naturaleza del conocimiento y el aprendizaje, recientemente se han convertido en un punto focal de la investigación educativa (Schommer-Aikens et al., 2000).

Los hallazgos relevantes en esta área incluyen maestros y estudiantes con creencias epistemológicas más ingenuas tienden a adoptar enfoques transmisivos de enseñanza y reproductivos de aprendizaje, mientras que aquellos con visiones más sofisticadas del conocimiento suelen enfocarse en la facilitación del aprendizaje y la construcción del conocimiento.

Las experiencias de aprendizaje, incluyendo actividades y evaluaciones, pueden influir en las creencias epistemológicas de los estudiantes (Brownlee et al., 2002). Los sistemas de creencias y conocimientos son complejos e interdependientes (Southerland, Sinatra & Matthews, 2001). El desarrollo de los sistemas de creencias individuales resulta de la interacción entre maestros y estudiantes y de la duración de la experiencia educativa (Gill et al., 2004; Howard et al., 2000).

En resumen, los estudios precedentes sobre creencias educativas reflejan constantemente la influencia de las creencias epistemológicas en las visiones y enfoques sobre la enseñanza y el aprendizaje. Las creencias epistemológicas de un individuo no solo son influenciadas por, sino que también influyen en sus creencias sobre la enseñanza y el aprendizaje.

IX. Perspectiva psicológica

La tendencia general en los estudios precedentes de creencias para examinar la manera en que los individuos ponen en práctica sus creencias refleja una perspectiva psicológica de las creencias educativas. Los investigadores que ven las creencias a través de un enfoque psicológico se centran en cómo los individuos adquieren sus creencias, cómo las llevan a la práctica a través de su comportamiento y cómo sus creencias se desarrollan como resultado de varias influencias. Se ha examinado de cerca la relación entre las creencias educativas de maestros y estudiantes y sus prácticas de enseñanza y aprendizaje. Tales estudios se han enfocado en cómo las creencias de los maestros influyen en sus prácticas de enseñanza y en cómo las creencias de los estudiantes influyen en sus comportamientos y prácticas de aprendizaje.

Estos estudios muestran los siguientes aspectos. En primer lugar, las creencias de los maestros son fundamentales para su compromiso con la enseñanza y su bienestar profesional (Witcher et al., 2001). En segundo lugar, las creencias de los maestros influyen en su práctica docente, como muestra Rainer (1999), y la práctica de los maestros puede influir en sus creencias, como indican Kember et al. (2001). En tercer lugar, las creencias de los estudiantes influyen en sus prácticas de aprendizaje y enfoques de estudio, como señala Chapple (1999). Asimismo, cuando existe una discrepancia entre las creencias y las prácticas de enseñanza de los maestros, como indican Leonard & Leonard (2001) y Raymond (1997), este conflicto puede deberse a que los maestros tienen creencias profesadas y actuadas, según Bryan (2003), o creencias ideales y operativas, como argumentan Samuelowicz & Bain (1992). En comparación con la falta de coincidencia entre creencias y prácticas observada en las creencias de los maestros, las paralelas entre las creencias y prácticas de los estudiantes fueron menos investigadas.

En general, gran parte de los estudios precedentes accedida para esta revisión de los estudios precedentes que reflejó una perspectiva psicológica particular sobre las creencias educativas, ha servido para enfatizar el valor de investigar cómo dichas creencias afectan las prácticas de enseñanza y aprendizaje. Como explica Archer (2001: 2), las creencias sobre nosotros mismos y nuestra construcción psicológica del mundo impulsan nuestro pensamiento y comportamiento.

Por lo tanto, los resultados, procesos y estrategias instruccionales expresados por los profesores en este estudio podrían no coincidir con sus prácticas de enseñanza reales. Las investigaciones futuras necesitan proporcionar más información sobre el contexto del aprendizaje y las prácticas instruccionales reales para comprender más plenamente la relación entre los enfoques de enseñanza de los profesores y los enfoques de aprendizaje de los estudiantes (Andrews et al., 1996).

Esta perspectiva psicológica indica que hay un vínculo directo entre cómo las creencias de los estudiantes o maestros influyen en su comportamiento y prácticas de enseñanza o aprendizaje. El resultado de la relación entre creencias y práctica también tiene consecuencias significativas desde una perspectiva educativa, siendo esta la tercera y más conspicua perspectiva teórica que ha surgido de esta revisión de los estudios precedentes.

X. Perspectiva Educativa

Por supuesto, la mayoría de los temas y tendencias discutidos en la investigación de creencias hasta ahora en esta revisión de los estudios precedentes tienen conexiones profundas con conceptos educativos. Estos conceptos están particularmente asociados con maestros, estudiantes, enseñanza y aprendizaje. Un examen de esta perspectiva educativa dentro de los estudios precedentes de creencias reveló los siguientes aspectos.

La investigación educativa muy reciente se ha centrado en áreas generalistas de la educación, en lugar de dentro de disciplinas separadas, como señala Kemmis (2001).

Mucha teoría educativa se basa en el vínculo fundamental causa-

efecto entre las creencias educativas y la práctica educativa, dentro de un contexto que reconoce el conocimiento construido socialmente.

Los procesos sociales y cognitivos involucrados en la construcción del conocimiento, como reflejan Vygotsky (1978, 1987), muestran la importancia de cómo las creencias y prácticas de un grupo (como los maestros) pueden impactar en las creencias y prácticas de otro grupo (como los estudiantes).

Las creencias individuales existen dentro de sistemas de creencias más amplios, según Nespor (1987).

Por lo tanto, en lugar de centrarse en el ámbito completo de las creencias (incluyendo creencias sobre uno mismo, sobre la materia que se enseña, sobre el sistema administrativo, etc.), este estudio se ha centrado en las creencias educativas de maestros y estudiantes universitarios. Reconoce los procesos sociales que facilitan el intercambio de estas creencias entre ambos grupos. Pajares (1992: 316) describe esta área como distinguible de las creencias sobre materias o disciplinas:

> Therefore, as with more general beliefs, educational beliefs are required beliefs about confidence to affect students' performance (teacher efficacy), about the nature of knowledge (epistemological beliefs), about causes of teachers' or students' performance (attributions, locus of control, motivation, writing apprehension, math anxiety), about perceptions of self and feelings of self-worth (selfconcept, self esteem), about confidence to perform specific tasks (selfefficacy). There are also educational beliefs about specific subjects or disciplines.

Para realizar investigaciones educativas en el área de las creencias educativas, Nespor (1987) sugiere la necesidad de un modelo teóricamente fundamentado de sistemas de creencias que pueda servir como marco para investigaciones sistemáticas y comparativas. Su estudio enfatiza el importante vínculo entre cómo enseñan los maestros y cómo piensan sobre la enseñanza. Las seis características de un sistema de creencias que propone representan una base teórica útil en el contexto de un estudio de creencias educativas. Estas características son presunción existencial (suposiciones sobre cómo son las cosas), alternatividad (representaciones de realidad alternativa o mundos alternativos), aspectos afectivos y evaluativos (indicadores importantes de la cantidad de energía que los maestros ponen en ciertas actividades), almacenamiento episódico (organización de la memoria episódica en términos de experiencias personales, episodios o eventos), no consensualidad (reconocimiento de posibles disputas en los componentes de los sistemas de creencias) y deslimitación (estabilidad relativa de las creencias y su aplicación impredecible al mundo real).

Dentro del marco de este estudio, se examina cómo las creencias de maestros y estudiantes sobre la enseñanza y el aprendizaje están relacionadas. A pesar del vínculo obvio entre los procesos de enseñanza y aprendizaje, las creencias asociadas son complejas y difíciles de documentar (Pajares, 1992). Bruce y Gerber (1995) recomiendan investigar más los vínculos entre las concepciones de enseñanza y aprendizaje, siguiendo el trabajo de Trigwell, Prosser y Taylor (1994). Estudios como los de Curtner-Smith (1997), Doyle (1997), Entwistle (1998), Entwistle & Walker (2000), Evans et al. (1993), Gow & Kember (1993), Greene & Zimmerman (2000), Roche (2000), y Samuelowicz & Bain (2001) han sido particularmente útiles en esta revisión de los estudios precedentes y en la elección del tema para este estudio de doctorado.

XI. Lagunas en los estudios precedentes

El proceso de revisión ha revelado varias lagunas en los estudios precedentes, especialmente en la educación superior. Aunque hay una abundancia de estudios sobre las creencias educativas de maestros y estudiantes, la mayoría se centra en la enseñanza de maestros o las creencias de aprendizaje de los estudiantes en niveles escolares. Hay una carencia notable de estudios enfocados en las creencias educativas de maestros y estudiantes en la educación superior.

Quinlan (1999) señala que, aunque se ha investigado cómo las creencias de los maestros de educación superior mejoran las prácticas de enseñanza, aún sabemos poco sobre las complejidades de las creencias educativas que los académicos aportan a su enseñanza. Hativa (2000: 331) afirma que, a pesar de la riqueza de investigaciones sobre las prácticas de enseñanza en la educación superior, hay menos estudios precedentes disponible sobre la justificación detrás de estas prácticas:

> The last two decades have witnessed a growing tendency to perceive teaching as a professional activity requiring complex and demanding cognitive processes. Understanding teaching necessitates understanding teachers' thinking, beliefs and knowledge regarding teaching, learning and students. Research on teaching no longer consists solely on the examination of a teacher's overt classroom behaviour, and has changed its focus to more subtle and implicit aspects of teaching. However, there is only little published literature on this topic at the higher education level.

Hasta 2002, McShane lamentaba la escasez de investigación cualitativa sobre las creencias y el autoconcepto de los académicos en la enseñanza. De esta forma, se puede afirmar que se requiere más investigación para investigar las creencias de los maestros sobre el aprendizaje y las creencias de los estudiantes sobre la enseñanza. Aunque los estudios sobre las creencias de los maestros en la enseñanza y las de los estudiantes en el aprendizaje están bien representados, hay una falta de investigación en las creencias de los maestros sobre el aprendizaje y las de los estudiantes sobre la enseñanza. Los estudios existentes tienden a enfocarse en las creencias de los maestros sobre la enseñanza, sin identificar claramente estas creencias desde la perspectiva de los maestros. Además, hay pocos estudios que examinen específicamente las creencias de los estudiantes sobre la enseñanza, más allá de cómo evalúan a sus maestros o situaciones específicas de enseñanza. Este estudio contribuye a llenar esta brecha.

También se requiere más investigación sobre la similitud de las creencias de maestros y estudiantes. La investigación sobre la similitud entre las creencias de maestros y estudiantes ha sido esporádica, aunque se ha demostrado su importancia. En ocasiones, estas similitudes o diferencias han surgido como resultados no intencionados en estudios que investigaban las creencias de uno u otro grupo. La mayoría de estos estudios se han centrado en contextos escolares, lo que indica la necesidad de investigar estas relaciones en la educación superior.

Asimismo, se requiere más investigación sobre la posible naturaleza jerárquica de las creencias educativas. Existen debates en los estudios precedentes sobre si las concepciones de aprendizaje son jerárquicas. Mientras Marton et al. (1993) sugieren una naturaleza jerárquica, reflejando creencias complejas y simples, Meyer & Boulton-Lewis (1999) advierten contra la clasificación jerárquica. La exploración de la presencia o ausencia de jerarquía en las estructuras de creencias podría clarificarse mediante investigaciones adicionales.

2.7. CONSIDERACIÓN GENERAL

La revisión de los estudios precedentes realizada ha ofrecido direcciones metodológicas, conceptuales y teóricas esenciales para el diseño, ejecución, análisis e informe del estudio de esta tesis. Los aspectos destacados en esta conclusión de la revisión de los estudios precedentes se han reflejado en la organización del estudio documentado en la tesis, incluyendo las preguntas de investigación, el diseño de la investigación, los métodos de recopilación y análisis de datos, y los formatos de informes.

Los estudios investigados para esta revisión se han categorizado en dos grupos principales: aquellos centrados en las creencias educativas de los maestros y aquellos enfocados en las creencias educativas de los estudiantes. Un tercer grupo, aunque menos numeroso, se ha caracterizado por explorar la interrelación entre las creencias de maestros y estudiantes.

Los estudios revisados han delineado y sintetizado las creencias educativas de los maestros en diversos contextos educativos, especialmente en la educación superior. Se ha identificado la necesidad de más investigación en el área de las creencias de los maestros de educación superior, lo cual ha sido un enfoque principal de esta tesis.

La investigación sobre las creencias educativas de los estudiantes ha mostrado un interés principal en lo que los estudiantes realmente piensan sobre el aprendizaje, y en menor medida, sobre la enseñanza. La posibilidad de concepciones adicionales de aprendizaje que consideren un sentido social o moral ha surgido en investigaciones recientes y se ha destacado como un área potencial para futuras investigaciones.

Mientras que la mayoría de los estudios se han centrado en un solo grupo (maestros o estudiantes) y un solo proceso (enseñanza o aprendizaje), hay pocos estudios que investiguen la superposición entre las creencias de enseñanza y aprendizaje y el vínculo potencial entre las creencias educativas de maestros y estudiantes. Estas conexiones poco exploradas forman parte del enfoque de este estudio.

Capítulo III.
Creencias y los docentes

3.1. CREENCIAS DE LOS DOCENTES

Las creencias son consideradas un constructo esencial que influye en el comportamiento humano. Sin embargo, definir las creencias resulta complicado debido a que los investigadores han visto las creencias o los sistemas de creencias de manera diferente según sus agendas de investigación. Por ejemplo, Abelson (1979) definió las creencias como la manipulación del conocimiento por parte de los humanos para un propósito específico. Wenden (1998) indicó que las creencias sobre el aprendizaje son componentes del conocimiento metacognitivo. Ambas definiciones implican que las creencias y el conocimiento son difíciles de distinguir.

En cuanto a las creencias sobre el aprendizaje de segundas lenguas (ASL), Kalaja y Barcelos (2003) las definieron como opiniones e ideas que los aprendices y docentes tienen sobre la tarea de aprender un segundo idioma o idioma extranjero. Barcelos (2003) señaló que en su investigación sobre las creencias en ASL, se han identificado tres enfoques para definir las creencias. El primer enfoque es el normativo, donde las creencias se definen como sinónimos de preconceptos, mitos o malentendidos que los aprendices tienen sobre el aprendizaje de idiomas (por ejemplo, Horwitz, 1988). El segundo enfoque es el metacognitivo (por ejemplo, Wenden, 1986). Wenden afirmó que las creencias parecen "funcionar como una especie de lógica que determina consciente o inconscientemente lo que hicieron para ayudarse a aprender inglés" (p. 4). El tercer enfoque es el contextual, que busca una mejor comprensión de las creencias en contextos específicos (por ejemplo, Kalaja, 1995; Sakui & Gaies, 1999). Los investigadores que trabajan con este enfoque han considerado las creencias como contextuales, dinámicas y sociales, y reconocen que las creencias son parte de las experiencias de los estudiantes, estrechamente interrelacionadas con su entorno.

Barcelos (2003) indicó que los tres enfoques de las creencias (normativo, metacognitivo y contextual) tienen ventajas y limitaciones, y que el tipo de preguntas de investigación determina qué enfoque empleará un investigador. También señaló que los dos primeros enfoques probablemente omitan la estructura compleja de los sistemas de creencias, dentro de los cuales los conjuntos de creencias forman una red multicapa de relaciones (Barcelos, 2003), y no reconocen que las creencias se moldean y remodelan al ser influenciadas por factores sociales. Me gustaría combinar las ideas defendidas por Kalaja y Barcelos (2003) y Barcelos (2003), y definir las creencias de los docentes sobre el aprendizaje y la enseñanza de idiomas como las opiniones e ideas de los docentes sobre aprender y enseñar un segundo o un idioma extranjero, construidas por los mismos docentes en respuesta a sus contextos de enseñanza.

3.2. CONOCIMIENTO DEL DOCENTE

Como se mencionó anteriormente, las definiciones de creencia (por ejemplo, Abelson, 1979; Wenden, 1998) han incluido la noción de conocimiento. Como resultado, parece difícil distinguir claramente el conocimiento de la creencia. Shulman (1986) propuso que el conocimiento del docente tiene tres dimensiones: conocimiento del contenido de la materia (conceptos básicos y principios de la asignatura), conocimiento pedagógico del contenido (conocimiento de la materia para la enseñanza) y conocimiento del currículo (conocimiento sobre la gama completa del programa). Además de estas tres dimensiones, se ha identificado una cuarta dimensión: el "conocimiento práctico" (Elbaz, 1981; Fenstermacher, 1994; Meijer, Verloop, & Beijaard, 2001) o "conocimiento práctico personal" (Clandinin & Connelly, 1987; Beattie, 1995; Golombek, 1998). Fenstermacher definió el conocimiento práctico como el conocimiento que los docentes generan como resultado de sus reflexiones sobre su experiencia docente, y lo distinguió del conocimiento formal, producido por investigadores. Meijer et al. afirmaron que el conocimiento práctico es personal, contextual, basado en la experiencia, principalmente tácito, relacionado con el contenido y guía la práctica docente.

Clandinin y Connelly (1987) ampliaron el concepto de conocimiento práctico y acuñaron el término conocimiento práctico personal. Lo definieron como una forma moral, afectiva y estética de conocer las situaciones educativas de la vida. Al igual que el conocimiento práctico, el conocimiento práctico personal puede considerarse como conocimiento del docente profundamente arraigado en las experiencias de vida y culturales de uno, situado en su entorno docente y estrechamente relacionado con sus patrones de comportamiento. Es decir, el conocimiento del docente interactúa y se remodela mediante la reconstrucción de experiencias a través de la reflexión (Golombek, 1998).

Como se mencionó anteriormente, es difícil trazar una línea clara entre las creencias y el conocimiento del docente, y la naturaleza del conocimiento práctico personal podría solaparse aún más con las características de las creencias. Clandinin y Connelly (1996) señalaron que el conocimiento práctico personal une las creencias y el conocimiento del docente si es necesario distinguir artificialmente ambos constructos. De igual manera, Sakui y Gaies (1999) usaron los términos "creencia" y "conocimiento" indistintamente, aunque reconocieron la importancia de las finas diferencias que separan las creencias y el conocimiento. Al hacerlo, intentaron enfatizar las similitudes entre las creencias y el conocimiento práctico personal: es decir, muchas creencias y gran parte del conocimiento práctico personal son experienciales, y ambos consisten en la filosofía personal de un docente. Como afirmaron Clandinin y Connelly (1987), podría ser valioso ver las creencias y el conocimiento de manera inclusiva para comprender mejor la complejidad de los patrones de pensamiento y comportamiento de los docentes.

Otros investigadores, sin embargo, han afirmado que las creencias y el conocimiento no pueden separarse. Kagan (1992) asumió que gran parte del conocimiento profesional de un docente sobre aulas, estudiantes y contenido, puede considerarse como creencias. Kagan argumentó que la confianza de un docente en sus propias experiencias y creencias previas sugiere que la creencia del docente funciona como cualquier otra forma de conocimiento personal, las suposiciones implícitamente mantenidas sobre personas y eventos que los individuos aportan a un dominio de conocimiento particular. Woods (1996) también mencionó que las creencias no pueden distinguirse del conocimiento y propuso un constructo hipotético, BAK (creencias, asunciones y conocimiento). En las entrevistas reportadas en su estudio, el uso del conocimiento de los docentes en su proceso de toma de decisiones no se diferenció claramente de su uso de las creencias. Woods vio el conocimiento, las asunciones y las creencias como puntos en un espectro de significado, a pesar de que han sido tratados como conceptos distintos en la literatura. Es decir, BAK se refiere al espectro que puede verse como un esquema en el que se incluyen creencias, asunciones y conocimiento.

Al igual que Kagan (1992) y Woods (1996), sostengo la opinión de que las creencias y el conocimiento son inseparables. Por lo tanto, en este estudio, los términos conocimiento del docente y creencias del docente se utilizarán indistintamente.

3.3. PRÁCTICA EN EL AULA

Los términos práctica de aula y práctica docente a menudo se usan indistintamente. Sus significados parecen similares, pero Krainer y Goffree (2005) distinguieron la práctica docente de la práctica de aula.

Mientras que "práctica docente" se refiere más claramente

al profesor como individuo (quizás expresando principalmente un interés en su enseñanza, o un interés en estudiar diferentes estilos de enseñanza), "práctica de aula" se refiere de manera más neutral al aula como un sistema que incluye más que las acciones del profesor (por ejemplo, expresando un interés en el proceso de interacción entre estudiantes o entre el profesor y los estudiantes).

En este libro se utiliza el término práctica de aula en lugar de práctica docente porque las prácticas de los profesores deben verse como la interacción entre estudiantes y profesores, así como las acciones o comportamientos de los profesores. Por lo tanto, la práctica de aula se define como lo que los profesores hacen en las aulas: qué metodologías de enseñanza utilizan, qué roles desempeñan y piden a sus estudiantes desempeñar, qué actividades y materiales usan y cómo manejan cuestiones de gestión de aula, como interacciones interpersonales, comunicación, evaluación y diversas situaciones pedagógicas.

3.3.1. Enseñanza de idiomas comunicativa

La enseñanza de idiomas comunicativa (EIC) se define como un enfoque que tiene como objetivo 1) hacer de la competencia comunicativa la meta de la enseñanza de idiomas y 2) desarrollar procedimientos para la enseñanza de las cuatro habilidades lingüísticas que reconocen la interdependencia del lenguaje y la comunicación (Richards & Rodgers, 1986). El término competencia comunicativa fue acuñado por Hymes (1972), quien reaccionó a la visión de Chomsky de que la competencia lingüística debería distinguirse del desempeño y es el único enfoque válido para una lingüística científica. Hymes definió la competencia comunicativa como la capacidad de usar el lenguaje de manera apropiada en un contexto social dado. Más tarde, Canale y Swain (1980) identificaron cuatro componentes de la competencia comunicativa: gramatical, estratégica, sociolingüística y del discurso.

Tal como se define en Richards y Rodgers (1986), la EIC es un enfoque de enseñanza de idiomas que tiene como objetivo desarrollar la competencia comunicativa. Esta definición ha permitido una amplia gama de metodologías pedagógicas en las aulas de idiomas extranjeros. Para entender más específicamente la EIC, se discutirán en la siguiente sección el currículo, los principios y las actividades de la pedagogía EIC. La EIC es un enfoque centrado en el aprendiz. Las necesidades comunicativas de los aprendices son la base para identificar los objetivos del programa, y la selección de una metodología requiere una comprensión de las diferencias en los estilos de aprendizaje de los alumnos (Savignon, 2002). Además, la innovación curricular se promueve mejor cuando los docentes de aula desarrollan sus propios materiales locales (Markee, 1997). En principio, los objetivos, metodologías y materiales no se prescriben con el propósito de diseñar un currículo comunicativo.

Savignon (1983, 2002) propuso cinco categorías que pueden considerarse como grupos de actividades relacionadas con el desarrollo curricular: 1) artes del lenguaje (sintaxis, morfología, fonología, vocabulario y ortografía), 2) lenguaje con un propósito (el uso del L2 para objetivos comunicativos reales e inmediatos), 3) el uso del L2 para la autoexpresión o uso personal del segundo idioma, 4) artes escénicas (para juegos de roles y otras actividades proporcionadas en la situación que un docente ha establecido) y 5) el uso del L2 en el mundo más allá del aula. Según Savignon (2002), una combinación óptima de estos cinco componentes en el currículo debe ser creada por docentes de idiomas individuales basándose en sus contextos de enseñanza.

Dado que el desarrollo de un programa comunicativo depende fuertemente de la participación de los docentes de aula, puede haber varias formas de programas EIC. En su discusión sobre el diseño de programas comunicativos, Yalden (1983) enumeró seis tipos de alternativas de diseño EIC, que van desde un programa en el que se insertan ejercicios comunicativos en un programa estructural existente hasta una visión totalmente comunicativa o generada por el aprendiz del diseño del programa, como el programa basado en tareas.

En relación con la amplia variedad de diseño de programas EIC, Howatt (1984: 279) distinguió una versión "fuerte" de la EIC de una "débil":

> The weak version, which has become more or less standard practice in the last ten years, stresses the importance of providing learners with opportunities to use their English from communicative purposes and, characteristically, attempts to integrate such activities into a wider program of language teaching [...] The strong version of communicative teaching on the other hand, advances the claim that language is acquired through communication so that it is not merely a question of activating an existing but inert knowledge of the language, but of stimulating the development of the language system itself. If the former could be described as "learning to use English", the latter entails "using English to learn it".

Aunque las versiones fuerte y débil deben distinguirse, ambas se interrelacionan y se complementan entre sí en muchos cursos de idiomas diseñados para desarrollar la competencia comunicativa de los estudiantes.

Además de los seis tipos de programas EIC y las versiones fuerte y débil, la EIC se ha aplicado de diversas maneras debido a sus diferentes procesos de desarrollo histórico. Estos aspectos serán revisados en la siguiente sección.

3.3.2. Tradiciones Europea y Americana de la EIC

En la década de 1970, con el aumento del número de inmigrantes y trabajadores invitados en Europa, el Consejo de Europa desarrolló un programa nocional-funcional, uno de los orígenes de la pedagogía EIC. Este programa se basó en la lingüística funcional (Halliday, 1978), y las funciones del lenguaje basadas en las necesidades comunicativas de los aprendices especificaron los objetivos del programa. Savignon (2002) señaló que el término "comunicativo" se utilizó en el programa y que, a partir de este punto, se lanzó el movimiento del lenguaje para propósitos específicos (LSP).

Por otro lado, la tradición americana de la EIC, inspirada por Hymes (1971), se enfocó en el lenguaje como comportamiento social. La visión de Hymes sobre las comunidades de habla y la integración del lenguaje, la comunicación y la cultura fue similar a la tradición lingüística británica representada por Firth y Halliday (Savignon, 2002). Savignon indicó que la competencia comunicativa de Hymes es equivalente al potencial de significado de Halliday. Afirmó que Halliday y Hymes creían que el lenguaje debía estudiarse en el contexto sociocultural más amplio de uso, basándose en los estudios de dos antropólogos, Malinowski y Raymond Firth. Así, las tradiciones europea y americana de la EIC son similares en que ambas se centraron en factores comunicativos y contextuales en el uso del lenguaje.

Aunque Hymes y Halliday compartieron puntos de vista similares sobre el lenguaje, las tradiciones europea y americana de la EIC se desarrollaron de manera algo independiente en la década de 1970. La primera se enfocó en el lenguaje, esbozado en el Programa Notional propuesto por el Consejo de Europa, mientras que la segunda se centró en el proceso de aprendizaje, similar a otros métodos humanísticos, como el Silent Way, la Suggestopedia y el Aprendizaje del Lenguaje Comunitario (Matsumura, Okihara, Chikudou, Ito, Aoki, & Takahashi, 1987). Además, los profesionales de diferentes tradiciones educativas interpretaron y aplicaron la EIC de diversas maneras. Por lo tanto, en general, la EIC se ha considerado un enfoque (es decir, una teoría del lenguaje y del aprendizaje de idiomas) que funciona como una fuente de principios y prácticas en la enseñanza de idiomas en lugar de un método que prescribe el diseño y los procedimientos de los cursos de ESL/EFL (cf. Richards & Rodgers, 1996).

3.3.3. Principios de la EIC

La EIC se basa en una teoría del lenguaje como herramienta para la comunicación, y su objetivo es desarrollar la competencia comunicativa. Aunque hay una extensa literatura sobre las dimensiones comunicativas del lenguaje en la EIC, se ha escrito poco sobre la teoría del aprendizaje en este contexto. Las prácticas de la EIC probablemente se habrían desarrollado mejor a través del reconocimiento de principios pedagógicos subyacentes que a través de discusiones sobre la teoría del aprendizaje. Los principios pedagógicos generalmente aceptados incluyen: 1) el principio de la comunicación (la comunicación real promueve el aprendizaje), 2) el principio de la tarea (las tareas promueven el aprendizaje) y 3) el principio de significatividad (el uso significativo del lenguaje apoya el proceso de aprendizaje) (Richards & Rodgers, 1996).

En una discusión más detallada sobre los principios de la EIC, Berns (1990) sugirió que definir adecuadamente la competencia comunicativa o seleccionar una metodología adecuada para su desarrollo requiere entender el contexto sociocultural del uso y aprendizaje del lenguaje. Propuso los siguientes principios para la EIC: 1) La enseñanza de idiomas se basa en una visión del lenguaje como comunicación, es decir, se ve el lenguaje como una herramienta social que los hablantes utilizan para crear significado; los hablantes comunican algo a alguien con algún propósito, ya sea oralmente o por escrito. 2) Se reconoce y acepta la diversidad como parte del desarrollo y uso del lenguaje por parte de los aprendices de un segundo idioma, al igual que en el uso del primer idioma. 3) La competencia de un aprendiz se considera en términos relativos, no absolutos. 4) Más de una variedad de un idioma puede ser usada como modelo potencial para el aprendizaje y la enseñanza. 5) Se reconoce que la cultura es instrumental en dar forma a la competencia comunicativa de los hablantes, tanto en su primer idioma como en los adicionales. 6) No se prescribe una única metodología o un conjunto fijo de técnicas. 7) Se reconoce que el uso del lenguaje sirve a funciones ideacionales, interpersonales y textuales y está relacionado con el desarrollo de la competencia del aprendiz en cada una. 8) Es esencial que los aprendices estén involucrados en hacer cosas con el lenguaje, es decir, que utilicen el lenguaje para una variedad de propósitos en todas las fases del aprendizaje.

En resumen, Berns (1990) abogó por que la esencia de la EIC es desarrollar la competencia comunicativa en el contexto de cada aprendiz a través del uso significativo del lenguaje como acción social, y que la metodología de enseñanza empleada debe ser flexible. Estos principios sugieren que se deben considerar una serie de cuestiones importantes si la EIC se va a implementar en una amplia variedad de culturas y normas. Los malentendidos sobre la EIC podrían ser uno de ellos, tema que se discutirá en la siguiente sección.

3.3.4. Malentendidos sobre la EIC

Debido a la variada aplicación de la EIC, existen varios malentendidos sobre lo que implica o no implica (Thompson, 1996). Estos malentendidos incluyen: 1) La EIC no permite la enseñanza de gramática. Por el contrario, la EIC no excluye cierto enfoque en la conciencia metalingüística o el conocimiento de las reglas de sintaxis, discurso o adecuación social. 2) La EIC solo permite la enseñanza del habla. La comunicación a través del lenguaje ocurre tanto en el medio escrito como en el hablado e involucra al menos a dos personas. Los aprendices que leen un texto en silencio también están participando en la comunicación. 3) EIC significa trabajo en parejas, lo que implica juegos de roles. El trabajo en parejas y en grupo es más que solo juegos de roles. Puede usarse para realizar actividades gramaticales, resolver problemas, analizar nuevas estructuras lingüísticas en un texto, etc. Además, el trabajo en parejas o en grupos no debe considerarse una característica esencial de la EIC y puede ser inapropiado en algunos contextos. 4) La EIC significa exigir demasiado al docente. Muchos libros de texto ahora ofrecen pautas y actividades prácticas de EIC. Además, la EIC no requiere que los docentes abandonen materiales familiares, como ejercicios de gramática.

Thompson mencionó que muchos docentes estaban confundidos sobre la naturaleza exacta de la EIC. Su uso en las aulas de idiomas extranjeros implica un cambio drástico en las percepciones de los docentes no solo sobre el lenguaje, sino también sobre los roles de los aprendices y docentes. Por lo tanto, no es sorprendente que algunos docentes conozcan características estereotipadas de la EIC aun con dificultades para describirla con precisión. Los malentendidos de los docentes pueden obstaculizar el uso de la EIC en las aulas de idiomas extranjeros, por lo que es crucial proporcionarles un conocimiento detallado de la EIC. En este estudio, se evitarán cuidadosamente esos malentendidos al discutir la EIC.

3.3.5. EIC y una metodología apropiada

Además de los malentendidos sobre la EIC, los docentes de LE/L2 deben estar conscientes de la adecuación contextual de la EIC. La EIC ha sido el enfoque de enseñanza dominante durante las últimas décadas y es la norma metodológica generalmente aceptada en el campo de LE/L2 (Brown, 2000). Sin embargo, dado que la EIC se desarrolló originalmente en Europa y en América del Norte, algunos investigadores han cuestionado la implementación del enfoque de la misma manera en otras áreas. Holliday (1994) afirmó que la EIC se desarrolló en BANA (Gran Bretaña, Australia y América del Norte) y podría no adaptarse completamente a los contextos de TESEP (escuelas terciarias, secundarias y primarias donde los estudiantes generalmente toman idiomas extranjeros como cursos obligatorios). Propuso la versión fuerte de la EIC, que puede ser sensible a la cultura y adecuada para las aulas de TESEP. En la clase de la versión fuerte de la EIC, los estudiantes trabajan en resolver problemas lingüísticos para comprender el contenido de un texto. Según Holliday, los estudiantes pueden comunicarse con un texto y, en ese sentido, la versión fuerte se considera comunicativa.

En cuanto a la adecuación, Kramsh y Sullivan (1996) sostuvieron que la pedagogía apropiada debe preparar a los aprendices para contextos globales y locales donde utilizarán el idioma. Investigaron una clase universitaria de inglés en Vietnam y observaron que, aunque el docente usó un libro de texto de EIC, la interacción entre el docente y los estudiantes reflejaba la cultura de esa aula en particular. Encontraron tres características en el contexto local: aula como familia, docente como mentor y aprendizaje de idiomas como juego. Kramsh y Sullivan concluyeron que la interacción en esta clase indicaba que los docentes podrían adaptar creativamente la EIC a su contexto de enseñanza.

Siguiendo a Holliday (1994) y Kramsh y Sullivan (1996), Bax (2003) argumentó que la dominancia de la EIC ha llevado a la negligencia del contexto. Propuso un "enfoque contextual" en el que 1) se debe considerar todo el contexto, 2) la metodología (incluida la EIC) es un factor en el aprendizaje de idiomas y otros factores pueden ser más importantes, y 3) otros métodos y enfoques pueden ser igualmente válidos para la EIC.

En resumen, a pesar del amplio apoyo a la EIC, es esencial

considerar cuidadosamente el contexto al implementarla. Especialmente en contextos distintos a BANA, la EIC no necesariamente satisface las necesidades de los estudiantes o sus estilos de aprendizaje. Prabhu (1990) mencionó que no existe un mejor método, es decir, que diferentes métodos son mejores para diferentes contextos de enseñanza. Concuerdo con Prabhu y creo que los docentes necesitan utilizar la EIC de una manera que se adapte a su propio contexto de enseñanza.

3.4. ACTIVIDADES COMUNICATIVAS

Como se mencionó anteriormente, la EIC debe adoptarse de formas variadas. En consecuencia, el término actividad comunicativa abarca un amplio rango de significados. Brown (2000) definió una actividad como cualquier cosa que los aprendices hagan en el aula, incluyendo juegos de roles, juegos y corrección entre pares. Smiley (2005) analizó críticamente el significado del término comunicativo y sugirió que cada docente necesita desarrollar su propio sentido de lo que comunicativo significa para él. En este estudio, defino una actividad comunicativa como aquella en la que los aprendices realizan una acción social utilizando el inglés. Por ejemplo, al participar en actividades de brecha informativa en parejas, responder a preguntas de exhibición del docente, leer lectores graduados extensivamente o ver un drama de televisión, los estudiantes están participando en una acción social en inglés; por lo tanto, estas actividades pueden considerarse comunicativas según mi perspectiva. En otras palabras, en este estudio las actividades comunicativas se refieren a 1) actividades de habla o escritura donde los estudiantes transmiten información o mensajes a otros, y 2) actividades de escucha o lectura donde entienden a otros. Así, los ítems que preguntan sobre el uso de técnicas por parte de los docentes de secundaria que proporcionan actividades comunicativas a los estudiantes en el cuestionario.

3.4.1. Marco conceptual

En esta sección, explico el marco conceptual de la cognición docente de Borg (2003) y cómo lo he modificado para adaptarlo a mi marco conceptual de creencias y prácticas docentes.

Marco conceptual de Borg (2003)

Las creencias y prácticas de los docentes han captado el interés de numerosos investigadores en los campos de educación en segundas lenguas y formación docente en las últimas décadas. Freeman (2002) afirmó que los docentes son vistos como tomadores de decisiones activos y que los investigadores se han enfocado en cómo las experiencias, creencias y conocimientos pedagógicos de los docentes influyen en sus prácticas en el aula desde la década de 1980. Borg (2003) revisó 64 estudios empíricos publicados entre 1976 y 2002 y resumió los hallazgos utilizando su marco conceptual de la cognición docente.

El marco conceptual de Borg (2003) constaba de cinco factores. Primero, la cognición docente se definió como una dimensión inobservable de la enseñanza: lo que los docentes saben, creen y piensan (Borg, 2003). Según Borg, incluye creencias, conocimientos, teorías, actitudes, imágenes, suposiciones, metáforas, concepciones, perspectivas y es fundamental en la vida de los docentes.

La escolarización se refiere a experiencias previas de aprendizaje en situaciones formales e informales. Borg indicó que las experiencias previas de aprendizaje de idiomas de los docentes establecen cogniciones sobre el aprendizaje y la enseñanza de idiomas que forman la base de sus conceptualizaciones iniciales durante la formación docente, y que pueden seguir siendo influyentes a lo largo de sus carreras.

El curso profesional se refiere a la experiencia tanto en programas de formación docente previos al servicio como en servicio. Borg (2003) señaló que el curso profesional puede afectar las cogniciones existentes, aunque, especialmente cuando no se reconocen, estas pueden limitar su impacto.

Los factores contextuales incluyen las condiciones de la escuela y del aula, y las condiciones de la sociedad o comunidad donde se encuentra la escuela. Influyen tanto en la cognición como en la práctica docente, determinando hasta qué punto los docentes pueden implementar una instrucción acorde con sus cogniciones. Borg (2003) explicó que los factores contextuales influyen en la práctica ya sea modificando las cogniciones o directamente, en cuyo caso puede resultar una incongruencia entre la cognición y la práctica.

La práctica en el aula se refiere a experiencias docentes que incluyen la enseñanza práctica. Borg (2003) afirmó que está afectada por las cogniciones y los factores contextuales, y que, a su vez, la experiencia en el aula influye en las cogniciones de manera inconsciente y/o a través de la reflexión consciente.

Con estos cinco factores, he hipotetizado un marco conceptual de creencias y prácticas docentes que explico en la siguiente sección.

Marco conceptual de creencias y prácticas docentes

Es importante destacar que este marco no está diseñado como un modelo estadístico, sino más bien para ayudar a los investigadores a conectar sus estudios individuales con el trabajo existente. De los 64 estudios revisados por Borg, la mayoría fueron cualitativos –por ejemplo, Borg (1999, 2001)–; el resto empleó tratamientos estadísticos como estadísticas descriptivas (por ejemplo, Numrich, 1996; Peacock, 2001), correlación –por ejemplo, Schulz (2001) y Tercanlioglu (2001)– y análisis de componentes principales –por ejemplo, Meijer et al. (2001)–. También es relevante señalar que los investigadores limitaron sus estudios a las áreas de instrucción gramatical y de alfabetización. Sin embargo, debido a que el marco de Borg es exhaustivo y perspicaz, resulta potencialmente útil para investigar cómo se influyen mutuamente las creencias de los docentes, las prácticas en el aula y otros factores, y cómo afectan el uso de la EIC por parte de los docentes.

3.5. CREENCIAS DEL DOCENTE Y PRÁCTICAS EN EL AULA

Las investigaciones apoyan la idea de que las creencias del docente influyen poderosamente en la práctica del aula. Estudios realizados por Burns (1996), Smith (1996), Woods (1996) y Borg (1998, 1999) detallan cómo las creencias de los docentes afectan su comportamiento y toma de decisiones en el aula. Burns (1996) investigó cómo las creencias de los docentes modelaban el proceso de enseñanza en el aula. Realizó estudios de caso con seis docentes experimentados de ESL en el Programa de Inglés para Migrantes Adultos (AMEP) en Australia, donde se grabaron clases y se realizaron entrevistas etnográficas. Las reflexiones de los docentes sobre las transcripciones revelaron que sus prácticas estaban moldeadas por redes interconectadas de creencias sobre los programas escolares, el lenguaje, los aprendices, el aprendizaje y tareas y materiales específicos.

Woods (1996) llevó a cabo un estudio longitudinal con ocho docentes experimentados de ESL en Canadá. Recopiló datos mediante entrevistas, observaciones etnográficas longitudinales y entrevistas introspectivas basadas en video, proporcionando una visión detallada de los procesos de toma de decisiones de los docentes y los factores que influyen en ellos. Observó que las creencias coherentes, suposiciones y conocimientos de los docentes sobre la enseñanza y el aprendizaje ejercían una influencia generalizada en sus comportamientos y decisiones.

Smith (1996) investigó los procesos de toma de decisiones de nueve docentes de ESL en Canadá. A través de grabaciones de video y observaciones de clase, descubrió que las decisiones de los docentes mostraban una consistencia interna entre las creencias y prácticas individuales. A pesar de usar la misma tarea comunicativa, el propósito subyacente variaba según la creencia de cada docente.

Borg (1998, 1999) estudió el uso de terminología gramatical en clases de gramática en una escuela de EFL en Malta. Los datos recopilados de entrevistas y observaciones en el aula mostraron que las decisiones de los docentes en la enseñanza de la gramática estaban influenciadas por sus cogniciones, a menudo contradictorias, sobre el lenguaje, el aprendizaje en general y de L2, la enseñanza de la gramática, los estudiantes y el yo.

En resumen, estas investigaciones revelan que los comportamientos, decisiones y prácticas en el aula de los docentes están moldeados por sus pensamientos y creencias subyacentes. Además, estos estudios han iluminado la relación compleja entre las creencias y las prácticas y la estructura compleja de las redes de creencias y de la cognición docente. También han indicado que las prácticas de enseñanza están influenciadas por otros factores como el contexto del aula y las experiencias de aprendizaje y enseñanza.

3.5.1. Experiencia de aprendizaje y creencias del docente

La investigación empírica ha demostrado que las creencias subyacentes en la instrucción de docentes experimentados se generan en gran medida por sus experiencias de aprendizaje, como indican estudios de Borg (1998, 1999). Holt-Reynolds (1992) examinó las creencias de estudiantes de magisterio en una universidad estadounidense y encontró que estas se derivaban en gran parte de sus experiencias de aprendizaje. Participaron tres estudiantes de matemáticas y seis de inglés, quienes cursaban una asignatura de lectura de contenido requerida para la certificación docente. Seis entrevistas con cada estudiante sugirieron que sus historias personales como estudiantes funcionaban como conocimiento previo sobre cómo debería ser una buena enseñanza. Holt-Reynolds argumentó que sería desafiante y difícil cambiar estas creencias empíricas y sugirió que la formación docente debería primero reconocer el poder de las creencias basadas en la experiencia y luego intentar profesionalizar dichas creencias.

Ellis (2006) realizó estudios con 31 docentes de ESL que enseñaban a adultos en centros de idiomas australianos, clasificándolos en tres grupos: hablantes nativos de inglés con un segundo idioma, hablantes nativos monolingües y hablantes no nativos (bilingües). Encontró que las experiencias de aprendizaje de idiomas y los desafíos de la inmigración y la identidad de los docentes bilingües influían en el desarrollo de sus percepciones y enfoques hacia los aprendices.

3.5.2. Formación pre-servicio y creencias del docente

Los estudiantes de magisterio traen al inicio de su formación creencias basadas en su historia personal sobre el aprendizaje y la enseñanza, que a menudo son inapropiadas, poco realistas o ingenuas (Brookhart & Freeman, 2001). Bramald, Hardman y Lear (1995) estudiaron a 162 estudiantes matriculados en un Certificado de Posgrado en Educación (PGCE) en una universidad británica. Mediante un cuestionario y entrevistas, observaron que las creencias antiguas cambiaban de diversas maneras durante el curso. Los resultados mostraron que la conceptualización individual de los estudiantes sobre el proceso de formación docente difería, y, por lo tanto, su manera de dar sentido a sus experiencias de formación también variaba. Esto sugiere que el impacto del programa de formación docente difiere entre los estudiantes individuales.

A Anderson y Bird (1995) investigaron el aprendizaje de tres estudiantes de magisterio de un curso de formación obligatorio de diez semanas en una universidad de Estados Unidos e identificaron algunas características comunes de los estudiantes de magisterio. Los datos se recopilaron a partir de entrevistas, ensayos de los asistentes y conversaciones escritas que los miembros escribieron después de ver tres lecciones grabadas en video en aulas de escuelas primarias. Los resultados mostraron que los estudiantes de magisterio interpretaron cada lección grabada en video a través del lente de su imagen inicial de la enseñanza. El primer asistente admiró las formas en que los docentes en el video actuaban como líderes del aula. El segundo estudiante expresó un alto aprecio por los docentes que guiaban indirectamente a los alumnos para que pensaran por sí mismos. El tercer miembro se impresionó por el hecho de que los docentes crearan experiencias interesantes en la clase. Su interpretación de las lecciones no cambió durante el curso. Anderson y Bird concluyeron que la interpretación de los estudiantes de magisterio de su curso de formación docente difería de la que esperaban sus instructores porque la interpretación de los estudiantes estaba influenciada por sus creencias basadas en la experiencia.

Almarza (1996) realizó un estudio longitudinal de nueve meses con cuatro aprendices en su formación inicial y el cambio en sus creencias y prácticas de enseñanza mientras tomaban cursos de Certificación de Posgrado en Educación (PGCE) en una universidad británica. Recopiló datos de entrevistas, observaciones en el aula, recuerdos estimulados y diarios de los estudiantes. En los cursos PGCE, se impartió un método específico para la enseñanza de L2, y los participantes implementaron el método en sus aulas durante la enseñanza práctica. Sin embargo, aunque su instrucción en el aula parecía similar, los cuatro asistentes tenían diferentes puntos de vista sobre el lenguaje y el aprendizaje de idiomas que estaban influenciados por sus propias experiencias de aprendizaje de idiomas. Por ejemplo, un asistente creía que el lenguaje es un conjunto de estructuras y frases, y otro creía que el lenguaje se podía aprender a través de un proceso de aprendizaje natural en el aula, no a través de la práctica controlada. Almarza concluyó que, durante la formación docente, los estudiantes de magisterio progresaron de manera diferente a pesar de su comportamiento similar durante la práctica de enseñanza. También sugirió que los formadores de docentes deberían legitimar el conocimiento previo de los estudiantes de magisterio para que los formadores puedan cerrar la brecha entre el conocimiento previo de los estudiantes y el nuevo conocimiento que se espera que adquieran.

Los tres estudios revisados anteriormente indicaron que las creencias de los estudiantes de magisterio eran bastante estables: el único cambio que se encontró concernió a las creencias de la mitad de los participantes en el estudio de Bramald et al. (1995). Curiosamente, los asistentes en el estudio de Peacock (2001) tenían creencias mucho más fijas sobre el aprendizaje de idiomas. Peacock realizó un estudio longitudinal e investigó los cambios en las creencias de 146 estudiantes de magisterio durante su programa BA TESL de tres años en Hong Kong. Según los resultados del Inventario de Creencias sobre el Aprendizaje de Idiomas, realizado por Horwitz en 1988, las creencias de los estudiantes sobre el aprendizaje de L2 eran significativamente diferentes de las creencias de los docentes experimentados solo en los siguientes tres ítems: 1) aprender un idioma extranjero es principalmente una cuestión de aprender mucho vocabulario nuevo, 2) aprender un idioma extranjero es principalmente una cuestión de aprender muchas reglas gramaticales, y 3) las personas que hablan más de un idioma bien son muy inteligentes. Los resultados también revelaron que hubo poco cambio en las creencias de los estudiantes con respecto a los tres ítems. Peacock concluyó que los datos no respaldaban la idea de que las creencias de los estudiantes de magisterio fueran moldeadas por sus cursos preformación TESL.

En resumen, la investigación sobre la formación de docentes en su etapa inicial sugiere que las creencias previas de los estudiantes de magisterio son a menudo estables, y estas creencias tienden a limitar lo que pueden aprender de los cursos de formación docente. Además, lo que los estudiantes aprenden de los cursos de formación docente y cómo cambian sus creencias previas a menudo difiere individualmente. Se puede inferir que la experiencia de aprendizaje es más influyente que la experiencia en la formación de docentes en su etapa inicial en el proceso de moldear las creencias de los docentes.

3.6. FORMACIÓN DE CREENCIAS DEL DOCENTE EN SERVICIO

Como se destacó en estudios previos, la investigación en formación de docentes en su etapa inicial ha sugerido que las creencias basadas en la experiencia de los estudiantes de magisterio limitan su aprendizaje en cursos de formación docente. En contraste, la investigación sobre la formación continua de docentes ha mostrado que las convicciones y prácticas de los docentes experimentados pueden cambiar a través de sus propias experiencias de enseñanza, incluida la enseñanza práctica.

Richards, Ho y Giblin (1996) intentaron examinar cómo cinco aprendices de docente respondieron a las experiencias de enseñanza práctica proporcionadas en un programa de formación docente TESOL en Hong Kong. A través del análisis de sesiones de discusión grabadas en audio y entrevistas, los investigadores encontraron que las convicciones de los cinco aprendices cambiaron, pero no de manera uniforme. Es decir, el modelo de enseñanza EIC empleado por el programa fue interpretado de diferentes maneras por los aprendices individuales. Los autores concluyeron que los aprendices deconstruyeron el método EIC a la luz de sus experiencias de enseñanza y lo reconstruyeron, basándose en sus propias creencias y suposiciones sobre sí mismos, sobre los docentes, sobre la enseñanza y sobre los aprendices.

Freeman (1996) vio la reconstrucción del conocimiento pedagógico de los aprendices en servicio como unirse a un nuevo discurso (Gee, 1990). Según Gee, el Discurso no es solo una forma de usar el lenguaje, sino una forma de actuar, creer y hacer en el mundo. Freeman realizó una investigación longitudinal sobre los cambios en las prácticas de cuatro docentes de lenguas extranjeras que estudiaban en un programa de maestría TESOL en Estados Unidos. A través de entrevistas, observaciones y análisis de documentos, Freeman encontró que unirse al nuevo Discurso (es decir, el programa de maestría permitió a los docentes hablar sobre su práctica de enseñanza utilizando un lenguaje profesional. Al hacerlo, los docentes pudieron renombrar su experiencia de enseñanza previa. El programa de Maestría permitió a los docentes remodelar su experiencia de enseñanza previa y construir nuevas prácticas. Freeman sugirió que la formación docente tenía efectos potencialmente poderosos en la remodelación de las creencias de los docentes en servicio en el sentido de que los socializaba en el nuevo discurso.

Cabaroglu y Roberts (2000) informaron sobre el fuerte impacto de la formación continua en las opiniones de los docentes. Los participantes en su estudio eran 20 docentes que asistieron a un curso de Certificación de Posgrado en Educación (PGCE) en una universidad británica. Los resultados mostraron que las creencias de solo uno de los 20 docentes experimentados permanecieron sin cambios durante el curso de 36 semanas. Las entrevistas revelaron que las creencias de los otros 19 participantes cambiaron de manera acumulativa y gradual durante el curso. El proceso de cambio involucró darse cuenta de que una nueva creencia puede estar en conflicto o ser coherente con las creencias previas, confirmar las creencias existentes, reconstruir o renombrar las creencias existentes e integrar nuevas creencias con las creencias previas. Cabaroglu y Roberts concluyeron que 1) las creencias de los aprendices parecen ser flexibles, 2) sus creencias preexistentes pueden ser remodeladas y 3) el desarrollo de las creencias varía mucho entre individuos.

Además de la formación de los docentes en el contexto formal de la formación continua, el aprendizaje informal también juega un papel importante en la reconstrucción de sus creencias y prácticas. Crookes y Araraki (1999) entrevistaron a 19 docentes de ESL que enseñaban a estudiantes de Asia o Europa en Estados Unidos. Descubrieron que los docentes preferían escuchar las opiniones de sus colegas antes que consultar a investigadores no docentes. En este sentido, varios docentes comentaron que las charlas informales entre colegas proporcionaban una manera conveniente y útil de obtener buenas ideas para la enseñanza. También parecían tener la comprensión de que los docentes experimentados están dispuestos a ayudar a los recién llegados. Puede ser que muchos docentes aprendan de la enseñanza de sus colegas, encuentren formas de mejorar su propia práctica docente y remodelen sus ideas y creencias basándose en el éxito o fracaso de la nueva práctica.

Los estudios anteriores sugieren que los docentes pueden tener oportunidades formales e informales para aprender sobre pedagogía y que las creencias de los docentes experimentados pueden ser más flexibles que las de los estudiantes de magisterio. Una de las diferencias entre la formación inicial y la formación continua es si los aprendices tienen experiencia previa en la enseñanza o no. Además, más allá de la formación formal en servicio, los docentes también aprenden de sus colegas. Parece que tanto la formación informal como la formal ejercen impactos en la reconstrucción de las creencias de los docentes sobre la enseñanza y el aprendizaje.

3.7. EXPERIENCIA DOCENTE Y CREENCIAS DEL DOCENTE

Como sugiere el marco conceptual de la cognición docente de Borg (2003), las cogniciones de los docentes no solo influyen en lo que hacen,

sino que también son afectadas por las experiencias de enseñanza. Aunque pocos investigadores han examinado específicamente cómo las experiencias de enseñanza afectan las cogniciones de los docentes, un subconjunto de estudios sugiere que las convicciones de los educadores también están guiadas por las prácticas en el aula.

Mok (1994) llevó a cabo un estudio de caso en una universidad estadounidense para investigar las principales preocupaciones y percepciones cambiantes a lo largo del tiempo de L2 profesores de ESL, tanto experimentados como inexpertos. A través del análisis de datos de entrevistas, entradas de diarios y reportes de prácticas, Mok identificó cinco categorías de preocupaciones: 1) autoconcepto del docente, 2) actitudes, 3) estrategias de enseñanza, 4) materiales utilizados y 5) expectativas. Reportó que los instructores inexpertos comenzaron a considerar las necesidades de los aprendices, el contexto social y las características de los estudiantes después de experimentar la práctica. Según Mok, el cambio en los docentes inexpertos fue notable, sugiriendo que es probable que los docentes cambien y obtengan mayores avances en las etapas iniciales de su desarrollo profesional que en las etapas posteriores. Mok sugirió que la mayoría de las opiniones de los docentes sobre la enseñanza están guiadas por su propia experiencia como aprendices y como educadores.

El estudio de Crookes y Araraki (1999) mostró resultados similares a los de Mok (1994). Como se mencionó anteriormente, los investigadores entrevistaron a 19 docentes de ESL que enseñaban a estudiantes de Asia o Europa en Estados Unidos. Los investigadores encontraron que la experiencia docente acumulada fue la fuente de las ideas y conocimientos de los educadores. Es probable que su experiencia docente ayude a remodelar sus convicciones sobre el aprendizaje y la enseñanza.

La experiencia docente también tuvo un papel influyente en un estudio realizado por Breen et al. (2001). Observaron las lecciones de 18 docentes experimentados de ESL en Australia, los entrevistaron y describieron sus prácticas en el aula para explorar las relaciones entre la práctica de los educadores y sus principios de enseñanza subyacentes. Por principios, Breen et al. se referían a las ideas que los docentes tienen sobre la naturaleza del proceso educativo, la naturaleza del lenguaje y cómo se aprenden y enseñan los idiomas, basadas en sus creencias y teorías personales. Se identificaron más de 300 prácticas y casi 200 principios subyacentes. Luego, Breen et al. identificaron un número limitado de principios que eran ampliamente compartidos entre los docentes. Los hallazgos relacionados con el impacto de las prácticas de enseñanza en los principios son los siguientes: 1) Basándose en el conocimiento y la experiencia previos, es probable que la relación entre los principios y las prácticas se construya de manera interactiva. 2) Una sola práctica puede ser expresión de más de un principio. 3) Los principios y prácticas de los docentes experimentados parecen variar. 4) Los docentes que tienen experiencia similar o trabajan en una situación similar es probable que mantengan un principio compartido a través de diferentes prácticas.

Estos hallazgos, especialmente el tercero y el cuarto, implican que los principios y prácticas de los docentes están afectados por su experiencia docente. Esta posibilidad necesita ser iluminada adicionalmente investigando el trabajo de docentes experimentados.

3.8. FACTORES CONTEXTUALES Y CREENCIAS Y PRÁCTICAS DEL DOCENTE

Los investigadores educativos han encontrado que diversos factores contextuales, como el entorno escolar y las condiciones de trabajo, influyen en las prácticas en el aula tanto directa como indirectamente.

Borg (2003), en una revisión de 64 estudios sobre la cognición docente, informó que las prácticas de los educadores están moldeadas por las condiciones sociales, psicológicas y ambientales de la escuela y el aula. Estos factores incluyen a padres, directores, colegas, el aula, la escuela, la sociedad, el currículo y los exámenes. Borg también mencionó que tales factores pueden obstaculizar la capacidad de los docentes de idiomas para adoptar métodos que reflejen sus creencias.

Crookes y Araraki (1999) encontraron que las difíciles condiciones de trabajo afectaban las estrategias en el aula. Veinte participantes en su estudio, que eran profesores de ESL en un programa intensivo de inglés en el oeste de Estados Unidos, tenían que trabajar aproximadamente 50 horas a la semana. Tenían poco tiempo para preparar lecciones y, en consecuencia, no podían proporcionar actividades pedagógicas más efectivas, aunque sabían que estaban disponibles. Las pesadas cargas de trabajo podrían haber ejercido un impacto poderoso en las elecciones pedagógicas de los educadores.

Las creencias de los aprendices también impactan las técnicas de los docentes. Schulz (2001) administró un cuestionario a 122 profesores de FL colombianos, 607 estudiantes de FL colombianos, 92 docentes de FL estadounidenses y 824 estudiantes de FL estadounidenses. Los resultados mostraron que ambos grupos de estudiantes creían que el estudio explícito de la gramática y la retroalimentación correctiva son importantes en el aprendizaje de FL. También, la mayoría de los profesores en ambas culturas estuvieron de acuerdo en que la enseñanza de la gramática ayuda al aprendizaje del idioma. Schulz señaló que la discrepancia entre los comportamientos de los docentes y las expectativas de los estudiantes puede disminuir la motivación de los aprendices y la credibilidad del docente. Por lo tanto, los docentes pueden tener que modificar sus prácticas de enseñanza para que sean generalmente compatibles con las expectativas de los estudiantes.

De manera similar, Burgess y Etherington (2002) informaron que las características, necesidades y deseos de los estudiantes influyeron en las acciones de los docentes en el aula. Administraron un cuestionario a docentes de EAP que trabajaban en centros de idiomas de universidades británicas y recibieron 48 respuestas. Los datos cualitativos obtenidos de las respuestas a una pregunta abierta sugirieron que la preferencia de los estudiantes por la instrucción gramatical influía en las decisiones pedagógicas de los docentes.

Además de las condiciones de trabajo y las características de los estudiantes, varios otros factores influyen en las creencias y estrategias de los docentes. Richards y Pennington (1998) investigaron la instrucción de cinco docentes novatos de EFL a través de observaciones en el aula, entrevistas y cuestionarios. Los docentes se habían graduado de cursos de BA TESOL en la City University de Hong Kong y enseñaban en escuelas secundarias. Los resultados mostraron que los docentes siguieron sus libros de texto y raramente proporcionaron actividades comunicativas auténticas. Richards y Pennington informaron que las limitaciones de su contexto de enseñanza, el gran tamaño de las clases, el bajo nivel de inglés de los estudiantes, la falta general de disciplina, la presión de los exámenes, un currículo prescrito y la resistencia de los estudiantes a nuevas formas de aprendizaje obstaculizaron el uso de actividades comunicativas. Como señaló Smith (1996), el contexto del aula, que incluye factores como los estilos y preferencias de aprendizaje de los estudiantes, tiende a tener una fuerte influencia en las decisiones de los docentes.

En resumen, las condiciones del aula (por ejemplo, tamaño de la clase y estudiantes), las condiciones de la escuela (por ejemplo, currículo y carga de trabajo) y las condiciones educativas más amplias (por ejemplo, presión de los exámenes y política educativa) ejercen impactos en las creencias y prácticas de los docentes.

3.9. EFICACIA DOCENTE PERCIBIDA Y PRÁCTICAS EN EL AULA

Según el marco conceptual de Borg (2003), se puede considerar las percepciones de los educadores sobre su eficacia como un aspecto de su cognición docente. La investigación ha demostrado que aspectos como la eficacia o la ansiedad de los profesores pueden influir en sus métodos de enseñanza. Horwitz (1996), al revisar sus estudios, señaló que la ansiedad de los profesores de idiomas extranjeros es una preocupación seria debido a su potencial impacto negativo en sus métodos de enseñanza.

Gibson y Dembo (1984) aplicaron un Cuestionario de Eficacia Docente de 30 ítems a 208 instructores de escuelas primarias en EE. UU. y observaron los comportamientos en el aula de ocho de ellos (4 con alta eficacia y 4 con baja eficacia). Los autores encontraron que los profesores con alta eficacia tendían más a utilizar trabajo grupal en comparación con aquellos de baja eficacia.

En relación con el cambio en los métodos de enseñanza, Smylie (1988) se enfocó en 56 educadores de escuelas primarias y secundarias en Estados Unidos participantes en programas de desarrollo profesional orientados a promover cambios en las prácticas docentes. A través de observaciones en el aula, entrevistas y cuestionarios, descubrió que los cambios en las prácticas estaban fuertemente influenciados por la confianza en sus propias habilidades de los profesores. De manera similar, Guskey (1988) administró un cuestionario a 120 educadores de escuelas primarias y secundarias, observando resultados parecidos; los profesores con una mayor confianza en sus habilidades solían ser más flexibles y abiertos a probar nuevos métodos para satisfacer las necesidades de sus estudiantes.

Como implicaron estos estudios, la eficacia docente parece

actuar como un motivador que influye en el esfuerzo que un educador invierte en la enseñanza. Sin embargo, es importante destacar que los participantes en los principales estudios sobre eficacia no eran profesores de idiomas extranjeros. Por ejemplo, en el estudio de Gibson y Dembo (1984), los participantes eran educadores de ciencias, y en el de Smylie (1988), de matemáticas, inglés (como L1), estudios sociales y ciencias en escuelas primarias y secundarias. Ha habido pocos estudios sobre cómo la eficacia docente influye en las prácticas de los profesores de segundo idioma o de idiomas extranjeros.

Capítulo IV.
Creencias y otros factores

En términos generales, Richardson (1996) define las creencias como entendimientos, premisas o proposiciones que se sostienen psicológicamente acerca del mundo y que se perciben como verdaderos. Diversos investigadores consideran que las creencias son paradójicas por naturaleza (Dewey, 1983; Izard & Smith, 1982; Pajares, 1992), una perspectiva que surge del hecho de que el verbo 'creer' a menudo desempeña una doble función: en ocasiones expresa duda o hesitación, mientras que en otras transmite seguridad o certeza (Rokeach, 1968).

Los estudios sobre creencias sugieren la existencia de deficiencias teóricas en su investigación. Por ejemplo, Furinghetti & Pehkonen (2002) indican que, aunque el término creencia se ha incluido en numerosos estudios, con frecuencia no se define claramente. Esta falta de atención a los aspectos teóricos podría deberse a la suposición de que el término es familiar para los lectores (Thompson, 1992). Esta situación llevó a Pajares (1992) a describir las creencias como un constructo desordenado que se disfraza bajo diversos alias o etiquetas, como actitudes, valores, juicios, axiomas, opiniones, ideología, percepciones, concepciones, sistemas conceptuales, preconceptos, disposiciones, teorías implícitas y explícitas, teorías personales, procesos mentales internos, estrategias de acción, reglas de práctica, principios prácticos, perspectivas, repertorios de entendimiento y estrategias sociales, entre otros.

La definición de creencias a menudo se centra en la distinción entre creencia y conocimiento (Clandinin & Connelly, 1987; Ernest, 1989; Nespor, 1987; Pajares, 1992; Pratt, 1992; Rokeach, 1968), términos estrechamente relacionados. Pajares (1992) señala que distinguir el conocimiento de la creencia es una tarea desalentadora. Ernest (1989) considera la creencia como el resultado afectivo del pensamiento y el conocimiento como el resultado cognitivo, mientras que Nespor (1987) sostiene que las creencias incluyen más elementos afectivos y evaluativos que el conocimiento. Este autor también indica que, a diferencia del conocimiento, la validez de los sistemas de creencias no depende del consenso grupal.

A pesar de los esfuerzos por distinguir entre creencias y conocimiento, no existe consenso entre los investigadores y teóricos sobre las diferencias fundamentales entre ambos. Como resultado, algunos han optado por adaptar el concepto de creencias a sus agendas de investigación mediante modelos ampliados. Por ejemplo, Woods (1996) propuso una red integrada de creencias, suposiciones y conocimientos, conocida como BAK, para estudiar las creencias sobre el aprendizaje.

De los estudios mencionados, se deduce que la creencia es un constructo desordenado y paradójico por naturaleza, estrechamente vinculado con el conocimiento. Además, se percibe una deficiencia teórica en torno al término creencia. Sin embargo, al intentar operacionalizar este constructo en la investigación y aclarar su significado, la recopilación de 16 suposiciones fundamentales sobre creencias realizada por Pajares (1992) resulta un recurso útil. Estas suposiciones se presentan a continuación para obtener una mejor comprensión de las creencias: 1) Las creencias se forman temprano y tienden a perpetuarse, persistiendo incluso frente a contradicciones causadas por la razón, el tiempo, la educación o la experiencia. 2) Los individuos desarrollan un sistema de creencias que incorpora todas las creencias adquiridas a través del proceso de transmisión cultural. 3) El sistema de creencias cumple una función adaptativa al ayudar a los individuos a definir y comprender el mundo y a sí mismos. 4) El conocimiento y las creencias están intrínsecamente entrelazados, pero la potente naturaleza afectiva, evaluativa y episódica de las creencias hace que sean un filtro a través del cual se interpretan nuevos fenómenos. 5) Los procesos de pensamiento pueden ser precursores y creadores de creencias, pero el efecto de filtro de las estructuras de creencia finalmente filtra, redefine, distorsiona o remodela el pensamiento y el procesamiento de información subsiguiente. 6) Las creencias epistemológicas juegan un papel clave en la interpretación del conocimiento y el monitoreo cognitivo. 7) Las creencias se priorizan según sus conexiones o relación con otras creencias u otras estructuras cognitivas y afectivas. Las aparentes inconsistencias pueden explicarse explorando las conexiones funcionales y la centralidad de las creencias. 8) Las subestructuras de creencia, como las creencias educativas, deben entenderse en términos de sus conexiones no solo entre sí, sino también con otras creencias más centrales en el sistema. 9) Por su propia naturaleza y origen, algunas creencias son más incuestionables que otras. 10) Cuanto más temprano se incorpore una creencia en la estructura de creencias, más difícil es alterarla. Las creencias recién adquiridas son más vulnerables al cambio.

El cambio de creencias durante la edad adulta es un fenómeno relativamente raro, siendo la causa más común la conversión de una autoridad a otra o un cambio de gesto. Las personas tienden a aferrarse a creencias basadas en conocimientos incorrectos o incompletos, incluso después de que se les presenten explicaciones científicamente correctas.

Las creencias son instrumentales para definir tareas y seleccionar las herramientas cognitivas con las que interpretar, planificar y tomar decisiones sobre dichas tareas; por lo tanto, juegan un papel crítico en definir el comportamiento y organizar el conocimiento y la información.

Las creencias influyen fuertemente en la percepción, pero pueden ser una guía poco confiable para la naturaleza de la realidad. Las creencias de los individuos afectan fuertemente su comportamiento. Las creencias deben inferirse, y esta inferencia debe tener en cuenta la congruencia entre las declaraciones de creencias de los individuos, la intencionalidad de comportarse de una manera predispuesta y el comportamiento relacionado con la creencia en cuestión. Las creencias sobre la enseñanza ya están bien establecidas cuando un estudiante llega a la universidad.

Como se puede observar en la lista de características anteriormente presentada, Pajares (1992) no se limita a tratar las creencias de manera general, sino que también profundiza en los sistemas de creencias, la relación entre conocimiento y creencia, así como las creencias específicas sobre el aprendizaje y la enseñanza. Estas 16 suposiciones sobre las creencias, surgidas de una revisión exhaustiva de la literatura por parte de Pajares, son fundamentales en este estudio para una mejor comprensión del tema de interés: las creencias sobre el aprendizaje y la enseñanza del idioma inglés en el contexto universitario colombiano.

Habiendo explorado la literatura relevante acerca de las creencias en general, es momento de dirigir nuestra atención hacia las investigaciones específicas sobre creencias en el aprendizaje. La siguiente sección estará dedicada a este propósito.

Desde una perspectiva educativa, las creencias sobre el aprendizaje (CSA en adelante), que en palabras de Sakui y Gaies (1999) son un constructo central en toda disciplina que trata con el comportamiento humano y el aprendizaje, han sido abordadas como parte de los factores afectivos por teóricos e investigadores. Este constructo, también referido como conocimiento metacognitivo (Wenden, 1999), se ha convertido en el tema de interés para muchos estudiosos educativos en las últimas décadas (Dörnyei, 2005; Horwitz, 1985; Sakui & Gaies, 1999; Schommer-Aikins, 2002; Victori & Lockhart, 1995). Este interés se ha visto impulsado por el enfoque constructivista, el cual sostiene que los factores afectivos son influyentes en el aprendizaje al contribuir a la construcción de conocimiento, el cual está basado y filtrado por la experiencia (Dulay & Burt, 1974; Krashen, 1982). Además, dado que entender las convicciones implica interpretar la subjetividad de los individuos o las formas en que los individuos perciben y entienden el mundo (Harvey, 1986), el enfoque humanista también ha contribuido a promover la investigación sobre las perspectivas con sus esfuerzos para entender la subjetividad de las personas desde un enfoque holístico, en lugar de reduccionista.

En general, el examen de la investigación sobre CSA revela que este constructo está altamente asociado a las ideas percibidas, representaciones, percepciones, conceptos, suposiciones u opiniones de los aprendices (Holec, 1981; Horwitz, 1985; Hosenfeld, 1978; Wenden, 1987). Asimismo, la revisión de la literatura parece sugerir que el término CSA se suele operacionalizar como un constructo conocido, que no requiere más explicación o que puede entenderse intuitivamente. Pajares (1992), por ejemplo, señala que es inevitable que, para fines de investigación, las convicciones deban inferirse (Pajares, 1992). Otros académicos, como Sakui y Gaies (1999), prefieren abordar las creencias teniendo en cuenta diferentes definiciones o conceptualizaciones. En este sentido, Sakui y Gaies (1999) afirman que su estudio, al igual que otros estudios sobre las creencias de los aprendices sobre el aprendizaje de idiomas, no se basó en una única definición o conceptualización de creencias.

En resumen, en los estudios mencionados anteriormente se sugiere que las creencias sobre el aprendizaje (CSA) son parte de los factores afectivos y tratan con las ideas percibidas, representaciones, suposiciones u opiniones de los aprendices y docentes sobre el comportamiento humano y el aprendizaje. Asimismo, se asume que las CSA juegan un papel decisivo en el éxito, fracaso y experiencias de los aprendices, así como en las actitudes pedagógicas, prácticas y decisiones de los docentes.

Habiendo explorado la literatura relevante sobre creencias en general y sobre creencias en el aprendizaje, es momento de abordar las

creencias sobre el aprendizaje de idiomas.

La falta de consenso entre los investigadores para una definición clara y precisa de las creencias sobre el aprendizaje de idiomas (CSAI) es evidente en la investigación lingüística. A pesar de esta falta de consenso, se encuentran en la literatura una miríada de definiciones relacionadas con CSAI. Por ejemplo, Victori y Lockhart definen CSAI como suposiciones generales que los estudiantes tienen sobre sí mismos como aprendices, sobre los factores que influyen en el aprendizaje de idiomas y sobre la naturaleza de la enseñanza de idiomas (1995). Cabaroglu y Roberts (2000) se refieren a las convicciones como un conjunto de representaciones conceptuales que significan para su poseedor una realidad o estado de cosas dado de suficiente validez, verdad o fiabilidad para justificar su dependencia como guía para el pensamiento y la acción personal. Huang (1997) define CSAI como preconcepciones que los aprendices de idiomas tienen sobre la tarea de aprender el idioma objetivo. De estas definiciones de creencias, la conceptualización de Victori y Lockhart parece ser más ecléctica o abarcadora: no solo considera las percepciones de los aprendices sobre sí mismos en el papel de aprendices, sino también las circunstancias que afectan el aprendizaje de idiomas y la naturaleza de la enseñanza de idiomas.

Para arrojar más luz sobre la comprensión de CSAI, puede valer la pena echar un vistazo a lo que Mercer (2011) señala sobre CSAI, que cada aprendiz individual posee su propio conjunto único y complejo de autopercepciones, que influyen no solo en la forma en que los aprendices eligen actuar y en el tipo de decisiones que toman en el entorno presente, sino también en cómo interpretan sus experiencias pasadas y qué tipo de metas y desafíos se plantean para el futuro. Cuando un aprendiz se involucra en cualquier experiencia de aprendizaje o uso del idioma, ya sea en un aula o en contextos más allá, no llega a la experiencia de aprendizaje como una tabula rasa, sino que trae consigo sus creencias sobre sí mismos y sus actitudes hacia el idioma extranjero, y estas tanto impactan como a su vez son influenciadas por la experiencia.

De lo que Mercer afirma, es claro que CSAI, como parte de los factores afectivos, influyen en el comportamiento, las motivaciones, las reacciones afectivas y la actitud de los aprendices y los ayudan a interpretar el mundo y sus desafíos como aprendices de idiomas. Esto está en consonancia con el creciente volumen de investigación (Horwitz, 1999; Sakui & Gaies, 1999; Schommer, 1990) que evidencia que las creencias juegan un papel decisivo en el éxito, fracaso y experiencias de los aprendices de idiomas (Rieger, 2009). Es adecuado señalar que dentro de los estudios sobre CSAI se encuentran las convicciones de los aprendices sobre el aprendizaje de idiomas y las de los docentes sobre el mismo. En el área de las creencias de los aprendices sobre el idioma, que es el tema de interés de este estudio, los tipos de CSAI podrían agruparse en dos categorías: creencias facilitadoras e inhibitorias. Las facilitadoras son aquellas que conducen a un aprendizaje exitoso del idioma, consideradas realistas, de apoyo y positivas. Por el contrario, las inhibitorias son aquellas que conducen a un aprendizaje ineficaz, por ser poco realistas, no brindar apoyo y ser negativas, y generalmente disminuyen la motivación de los aprendices y causan insatisfacción (Bernat & Gvozdenko, 2005). En palabras de Bernat y Lloyd (2007), los estudiantes pueden tener creencias verdaderamente erróneas, desinformadas o negativas, que pueden llevar a una dependencia de estrategias menos efectivas, resultando en una actitud negativa hacia el aprendizaje y la autonomía. En cuanto a los conceptos erróneos de los aprendices de idiomas sobre el aprendizaje de idiomas, Bernat (2007) afirma que los aprendices pueden tener conceptos erróneos sobre 1) el tiempo que se tarda en aprender un idioma extranjero, 2) la existencia de la aptitud para los idiomas y si es necesario poseerla para adquirir un idioma extranjero, 3) la utilidad de ciertas estrategias de aprendizaje como la memorización, 4) si uno no debe decir nada en inglés hasta que pueda decirlo correctamente, 5) si aprender inglés es similar a aprender otras materias académicas o 6) si los errores gramaticales no corregidos se vuelven fosilizados.

En la misma línea, Victori y Lockhart abordan las diferencias entre creencias perspicaces, relacionadas con aquellas que los aprendices exitosos tienen, y creencias negativas o limitadas correspondientes a las que tienen los aprendices más débiles. Siguiendo esta línea de pensamiento, Mantle-Bromley (1995) afirma que los aprendices que tienen actitudes positivas y creencias realistas relacionadas con el idioma suelen desempeñarse de manera más productiva en el aprendizaje que aquellos con actitudes negativas y creencias erróneas.

Además, las creencias de los aprendices sobre el aprendizaje de idiomas (CAAI) han sido el foco de interés de muchos investigadores en todo el mundo. La mayoría de los estudios existentes sobre CAAI han girado en torno a las creencias que configuran el Inventario de Creencias sobre el Aprendizaje de Idiomas (BALLI) de Horwitz (1987). A este respecto, es pertinente señalar que el BALLI de Horwitz es el instrumento de creencias lingüísticas más utilizado. De hecho, un volumen sustancial de estos estudios ha utilizado el BALLI de Horwitz, una de sus versiones o una adaptación, como instrumento de investigación (Alexander & Dochy, 1995; Ellis, 1994; Kern, 1995; Kuntz, 1996; MacIntyre, 2000; Mantle-Bromley, 1995; Peacock, 1998, 1999; Riley, 1997; Sakui & Gaies,1999; Stern, 1983; Stevick, 1999; Yang, 1992; Young, 1991).

Numerosos estudios han examinado diferentes aspectos de las creencias sobre el aprendizaje de idiomas, como la relación entre las convicciones de los aprendices y otras variables, incluyendo actitudes

(Cotterall, 1995; Kern, 1995; Mantle-Bromley, 1995), ansiedad (Horwitz & Young, 1991; Truitt, 1995; Young, 1991), estrategias de aprendizaje (Sato, 2004; Wenden, 1987; Yang, 1992, 1999), competencia lingüística (Asbjornson, 1999; Huang & Tsai, 2003; Mantle-Bromley, 1995; Peacock, 1999; Wen & Johnson, 1997), antecedentes culturales de los estudiantes (Barcelos, 2000; Cortazzi & Jin, 1996; McCargar, 1993; Riley, 1997; Truitt, 1995; Tumpovsky, 1991; Yang, 1992), género (Bacon & Finnemann, 1992; Bernat & Lloyd, 2007; Siebert, 2003; Yilmaz, 2009) y disposición para la autonomía (Cotterall, 1995, 1999).

Es pertinente realizar un resumen de los hallazgos existentes en algunas de estas investigaciones para los propósitos de este estudio. Uno de los hallazgos se refiere a la CAAI respecto a la importancia de aprender inglés. Por ejemplo, en un estudio realizado en Colombia por Avella y Camargo (2010), con trece estudiantes universitarios y quince de décimo grado de secundaria, se encontró que estos participantes consideraban esencial aprender inglés. Para este estudio, los investigadores administraron un cuestionario y una encuesta. Los hallazgos de Avella y Camargo son consistentes con los resultados generales de estudios previos en el extranjero (Arenas, 2011; Truitt, 1995; Yang, 1999). Dado que el estudio de Arenas se realizó en Colombia y que sus hallazgos serán contrastados con los del estudio actual, se proporciona una breve descripción de dicho estudio. El estudio tenía el objetivo de determinar la relación entre las convicciones que tenían los estudiantes universitarios con la existencia de un alto filtro afectivo en el aprendizaje del inglés como lengua extranjera. Se llevó a cabo en 56 lugares del país. Involucró a dos grupos de estudiantes universitarios: uno compuesto por 86 sujetos, a quienes se les administró la Escala de Ansiedad en el Aula de Idiomas Extranjeros, y otro conformado por 14 sujetos, que fueron entrevistados. Lamentablemente, Arenas no presenta detalles concretos sobre el instrumento utilizado para entrevistar a esos participantes. En cuanto a los hallazgos, solo abordó cuatro creencias: los niños aprenden mejor inglés que los adultos, el inglés es un idioma muy difícil, es crucial aprender inglés, en la clase de inglés siempre se ven los mismos temas.

Otra CAAI que a menudo se ha abordado es la percepción de que el idioma inglés es muy difícil de aprender, como se muestra en el estudio de Arenas. Generalmente, las investigaciones han encontrado que los aprendices ven el inglés como un idioma difícil de aprender (Arenas, 2011; Kunt, 1997; Park, 1995; Truitt, 1995; Yang, 1992). Esta percepción puede deberse a experiencias previas de aprendizaje de idiomas, así como a antecedentes culturales, según Horwitz. De hecho, se ha afirmado que las creencias sobre el aprendizaje de idiomas son específicas del contexto y los aprendices de diferentes culturas pueden tener diferentes percepciones sobre el aprendizaje de un nuevo idioma (Nikitina, 2006). Por ejemplo, los aprendices con experiencias no exitosas en el aprendizaje del inglés tienen más probabilidades de considerarlo difícil. Además, aquellos con creencias realistas e informadas tienden a estar menos ansiosos, tener una motivación más fuerte y una actitud positiva hacia el aprendizaje de idiomas.

La creencia relacionada con la importancia de la instrucción gramatical en inglés también ha sido un tema frecuente en muchos estudios sobre creencias lingüísticas. Investigaciones como las de Brown (2009), Davis (2003), Kern (1995) y Schultz (2001) han evidenciado que los estudiantes suelen conferir gran importancia a la gramática. El estudio de Schultz, dedicado a examinar las percepciones de estudiantes y profesores con respecto al papel de la instrucción explícita de gramática y la retroalimentación correctiva, reveló que los estudiantes colombianos, al igual que sus profesores, estaban más inclinados hacia la enseñanza formal de gramática y la corrección explícita que sus homólogos estadounidenses. Schultz utilizó un cuestionario e involucró a 607 estudiantes colombianos y 122 de sus profesores, así como a 824 estudiantes estadounidenses y 92 profesores. Por otro lado, Truitt (1995) encontró que la mayoría de los estudiantes en su estudio no creían que la gramática y la traducción fueran importantes. Este estudio se realizó con 204 estudiantes universitarios en Corea. Una explicación a estos hallazgos es que las creencias de los aprendices sobre el aprendizaje de idiomas pueden diferir según su origen cultural y experiencias pasadas.

Además, la percepción de que los niños aprenden inglés mejor que los adultos ha captado el interés de los investigadores, siendo una creencia popular generalizada. La literatura sobre esta convicción revela que los aprendices a menudo sostienen esta idea (Altan, 2006; Arenas, 2011; Brown, 1994; Gawi, 2012; Johnson 1990; Newport, 1990; Penfield, 1967; Snow, 1993; Taylor & Taylor, 1990; Tercanlioglu, 2005). Esta creencia está alineada con la hipótesis del período crítico de Lenneberg (1967), que ha sido objeto de una larga controversia en los ámbitos lingüísticos y de adquisición de idiomas. En términos generales, esta hipótesis propone que los primeros años de vida son cruciales para adquirir un idioma de manera efectiva. Después de ese período crítico, se considera que la adquisición del idioma se vuelve más difícil debido a la disminución de la plasticidad cerebral. Sin embargo, esto contrasta con estudios sobre el factor edad en el aprendizaje de idiomas. Por ejemplo, Muñoz (2010) argumenta que la instrucción explícita en el aula favorece el aprendizaje explícito del idioma, donde los aprendices mayores tienen ventaja debido a su mayor madurez cognitiva. Además, resalta las diferencias entre los entornos de aprendizaje naturalista y los contextos formales de aprendizaje de idiomas. Muñoz señala que la opinión general sobre la edad adecuada para comenzar a aprender un idioma extranjero en las escuelas está influenciada por los hallazgos obtenidos en entornos de aprendizaje naturalista.

Otra CAAI que ha llamado la atención de los investigadores es

la creencia de que la pronunciación del idioma inglés es difícil. El estudio de Cenoz y Lecumberi (1999) en el País Vasco informó que una muestra de 86 estudiantes universitarios de dos grupos lingüísticos mantenía la convicción de que la pronunciación del inglés es una habilidad difícil e importante. Por otro lado, el estudio de Simon y Taveniers (2011) en Flandes exploró las creencias de los aprendices sobre el aprendizaje y la enseñanza de la pronunciación, gramática y vocabulario del inglés a nivel terciario. Los resultados mostraron que la mayoría de los estudiantes universitarios de inglés en Bélgica creen que la pronunciación es importante y útil para una comunicación eficiente. El estudio también reveló que, aunque los aprendices creen que una pronunciación incorrecta puede obstaculizar la comunicación, los errores de vocabulario dificultan más la comunicación que aquellos derivados de una pronunciación o gramática incorrectas. Smit (2002) sugiere que los estudiantes con una actitud positiva hacia el aprendizaje de la pronunciación tienen más probabilidades de tener un buen rendimiento en cursos de pronunciación.

Los hallazgos de varios estudios centrados en CAAI han demostrado que los aprendices de idiomas generalmente reconocen la importancia de las prácticas de escucha (Bernat, 2004; Feyten, 1991; Sakui & Gaies, 1999; Vandergrift, 1997) en el proceso de aprendizaje del inglés. Esto parece estar en consonancia con estudios (Littlewood & Liu, 1996; Yap, 1998) que evidencian que los aprendices se sienten más cómodos con actividades receptivas que productivas.

La motivación para el aprendizaje de idiomas también ha sido un tema ampliamente examinado. Las teorías y taxonomías de la motivación se remontan a la década de 1950, con el modelo Socio-Educativo de Gardner y Lambert, que abordaba la motivación como integradora e instrumental. Muchos estudios han informado que los aprendices de inglés como lengua extranjera mantienen fuertes razones instrumentales para el aprendizaje de idiomas más que razones integradoras (Kunt, 1997; Park, 1995; Truitt 1995; Yang, 1992). Deci y Ryan (1985) diferencian la motivación intrínseca, relacionada con el deseo de hacer algo porque es gratificante, de la motivación extrínseca, asociada con la disposición a realizar una actividad por sus beneficios externos. Ellis (1994) distinguió cuatro tipos de motivación: integradora, instrumental, resultativa y como interés intrínseco. En el área del aprendizaje de idiomas, el estudio de la motivación ha girado en torno a la dicotomía de motivación integradora-instrumental, la dicotomía de motivación intrínseca-extrínseca y la distinción entre motivación para el aprendizaje de idiomas y motivación para el aprendizaje en el aula. Gardner (2007) señala que la motivación es un fenómeno complejo con muchas facetas y no puede medirse con una sola escala. En consonancia con esto, Dörnyei (2009) afirma que la motivación es un concepto híbrido y multifacético, y que describir su naturaleza requiere especial cuidado.

La creencia de que 'es importante conocer las culturas de habla inglesa para hablar inglés' ha sido examinada a nivel mundial. Varios estudios han informado que los estudiantes generalmente sostienen tal convicción (Riley, 2006; Sakui & Gaies, 1999; Tercanlioglu, 2005).

En cuanto a las creencias de los docentes sobre el aprendizaje de idiomas, que forman parte integral de las CSAI, Altan (2006) señala que estas influyen en su conciencia, actitud de enseñanza, métodos de enseñanza y políticas de enseñanza. Además, impactan fuertemente en el comportamiento de enseñanza y, finalmente, en el desarrollo de los aprendices. Calderhead (1996) identifica cinco áreas prominentes en las que los docentes tienen creencias: 1) creencias sobre la enseñanza, 2) creencias sobre los aprendices y el aprendizaje, 3) creencias sobre las materias o el currículo, 4) creencias sobre el aprendizaje para enseñar, 5) creencias sobre el "yo" y la naturaleza de la enseñanza.

Desde una perspectiva general, los estudios existentes sobre las creencias de los docentes de idiomas podrían clasificarse en dos grupos: creencias de los docentes sobre la enseñanza y creencias de los docentes sobre el aprendizaje (Meirink et al., 2009). Las últimas tres secciones de este capítulo han tratado principalmente con una exploración de la literatura sobre los conceptos de creencias, creencias sobre el aprendizaje y CSAI. De la literatura revisada, está claro que las CSAI se consideran parte de los factores afectivos que influyen en el comportamiento y éxito de los aprendices, sus motivaciones, reacciones afectivas y actitud.

Además, se han realizado esfuerzos significativos para explorar la relación entre las CSAI y otros factores fundamentales para el progreso y éxito de los aprendices de idiomas, incluyendo las estrategias de aprendizaje (Rad, 2010; Dörnyei, 2005; Abraham & Vann, 1987; Horwitz, 1987, 1988; Yang, 1999), y la competencia en L2 (Kim, 2003; Mantle-Bromley, 1995; Peacock, 1999). Sin embargo, cabe señalar que entre los muchos factores que afectan las CSAI, cuatro factores, a saber, género, nivel de inglés, estrato socioeconómico y variables de edad, no han recibido la debida atención. La escasa atención a las creencias en relación con estos cuatro factores es más evidente en Colombia, donde se realiza este estudio. Por esta razón, el estudio actual intenta llenar este vacío. Un resumen de los estudios relevantes centrados en los cuatro factores mencionados se abordará en la siguiente sección.

4.1. CREENCIAS Y EL SEXO

Daif-Allah (2012) llevó a cabo un estudio en el Reino de Arabia Saudita con estudiantes de primer año de inglés en la Universidad de Qassim. Este estudio incluyó a 250 estudiantes, tanto hombres como mujeres, a quienes se les administró una versión en árabe modificada del BALLI de Horwitz (1987). Los hallazgos revelaron que no hubo diferencias significativas en las respuestas entre hombres y mujeres en 14 ítems del BALLI, mientras que en los otros 20 ítems sí se encontraron. En el área etiquetada como aptitud para el idioma extranjero, compuesta por nueve ítems, se observaron diferencias significativas en las creencias de chicos y chicas en cuatro de ellos. Las chicas tendían más que los chicos a creer que es más fácil para alguien que ya habla un idioma extranjero aprender otro, tengo aptitud para los idiomas extranjeros y las mujeres son mejores que los hombres para aprender idiomas extranjeros. Sin embargo, los chicos eran más propensos a creer que las personas que hablan más de un idioma bien son muy inteligentes. En los otros cinco ítems de esta área, chicos y chicas compartían las mismas creencias.

Respecto al área de dificultad en el aprendizaje del idioma inglés, compuesta por seis ítems, se encontraron diferencias significativas en las creencias de chicos y chicas en cinco de ellos. Las chicas tenían una creencia más fuerte que los chicos en que algunos idiomas son más fáciles de aprender que otros y parecían más convencidas de que eventualmente hablarían inglés muy bien. Por otro lado, los chicos mostraban un acuerdo más fuerte con las afirmaciones de que un aprendiz necesita al menos cuatro años para hablar el idioma con fluidez, es más fácil hablar que entender un idioma extranjero y es más fácil leer y escribir este idioma que hablarlo y entenderlo.

En el área de la naturaleza del aprendizaje de idiomas, con siete ítems, se hallaron diferencias significativas de género en tres de ellos. Las chicas mostraban creencias más fuertes hacia la afirmación de que la estructura del inglés es diferente a la del árabe y aprender un idioma extranjero es principalmente una cuestión de traducir del inglés, mientras que los chicos hacia la afirmación de que es mejor aprender un idioma extranjero en el país donde se habla. En el área conocida como estrategias de aprendizaje y comunicación, con ocho ítems, se revelaron diferencias significativas de género en cinco de ellos. Las chicas mostraban creencias más fuertes hacia afirmaciones como es importante hablar un idioma extranjero con una pronunciación y acento excelentes, mientras que los chicos eran más propensos a creer que está bien adivinar si no conoces una palabra en el idioma extranjero.

En cuanto al área de motivación y expectativa, con cuatro ítems, se encontraron diferencias significativas de género en tres de ellos. Las chicas mostraron creencias más fuertes hacia las afirmaciones de que los saudíes piensan que es importante hablar un idioma extranjero y me gustaría aprender este idioma para conocer mejor a sus hablantes. Por el contrario, los chicos mostraron una creencia más fuerte hacia la afirmación de que si aprendo a hablar este idioma muy bien, me ayudará a conseguir un buen trabajo.

En el contexto coreano, Kim (2012) realizó un estudio para explorar y describir las creencias sobre el aprendizaje del inglés de estudiantes de secundaria en un contexto EFL coreano, identificar un modelo estructural que mejor explicara los factores asociados con el rendimiento en inglés usando el modelado de ecuaciones estructurales (SEM) y examinar diferencias de género en el modelo de ruta causal propuesto. La muestra consistió en 447 estudiantes (253 chicos y 194 chicas). Kim utilizó un cuestionario de 26 ítems tipo Likert, 9 adaptados de los estudios de Horwitz (1987, 1988) y los otros 17 desarrollados en base a revisiones de estudios previos y discusiones con profesores y estudiantes coreanos de inglés de secundaria. El cuestionario fue sometido a un análisis factorial exploratorio utilizando el método Factoring Principal Axis con rotación oblicua, identificándose cinco constructos subyacentes: autoeficacia en el aprendizaje del inglés, importancia del aprendizaje de la gramática, papel de la retroalimentación del profesor, importancia de la precisión y naturaleza del aprendizaje del inglés. Los resultados, en consonancia con Bacon y Finnemann (1992) y Payne y

Lynn (2011), revelaron que las participantes femeninas mostraron una habilidad promedio más alta que los participantes masculinos en el aprendizaje de L2, medida a través de sus creencias sobre el aprendizaje de idiomas. También se encontró que el género desempeñaba el papel de una variable moderadora en el rendimiento en L2. Por ejemplo, para los chicos, el predictor más significativo de su rendimiento en L2 era la importancia del aprendizaje de la gramática, mientras que para las chicas era la autoeficacia.

Rieger (2009) investigó las creencias de 109 estudiantes de primer año de lenguas (54 especializados en inglés y 55 en alemán) en una universidad de Budapest utilizando una versión húngara modificada del inventario BALLI de Horwitz (1987). Los objetivos eran investigar si el género afectaba las creencias de los aprendices sobre el aprendizaje de idiomas y explorar si el idioma de estudio influía en estas. Los resultados mostraron diferencias significativas vinculadas al género y al idioma estudiado. Específicamente, se encontró que el idioma de estudio influía en las creencias de los aprendices sobre la dificultad del idioma extranjero que estaban aprendiendo y la importancia que otorgaban a algunos enfoques de aprendizaje. En cuanto al género, se evidenciaron diferencias estadísticamente significativas en la importancia otorgada a ciertos enfoques o técnicas de aprendizaje de idiomas.

Bernat y Lloyd (2007) llevaron a cabo un estudio para investigar la relación entre las creencias sobre el aprendizaje de idiomas y el género. Aplicaron el BALLI de Horwitz a 262 estudiantes de inglés como lengua extranjera (155 mujeres y 107 hombres) matriculados en un programa de inglés académico en una universidad australiana, utilizando la prueba de Wilcoxon-Mann-Whitney para este fin. Los resultados revelaron que, a excepción de dos ítems, las creencias sobre el aprendizaje de idiomas informadas por estudiantes hombres y mujeres fueron en general similares. Estos hallazgos concuerdan con los de Tercanlioglu (2005), quien no encontró diferencias significativas en las creencias sobre el aprendizaje de idiomas entre estudiantes universitarios de EFL a tiempo completo, hombres y mujeres, en una universidad turca. Su estudio incluyó a 118 profesores de EFL en formación (45 hombres y 75 mujeres), a quienes se les administró el BALLI de Horwitz (1987), obteniendo los resultados a través del procedimiento ANOVA.

Sin embargo, es importante señalar que los resultados de Bernat y Lloyd (2007) difieren de los estudios de Siebert (2003) y Bacon y Finnemann (1992). Siebert (2003) buscó también investigar las diferencias de género en las creencias sobre el aprendizaje de idiomas y encontró diferencias significativas. Bernat y Lloyd sugieren que la disparidad en los resultados entre los estudios podría deberse a varios factores, incluyendo el impacto de la cultura en la naturaleza de las respuestas de los estudiantes a los ítems de creencias (Bernat & Lloyd, 2007, p. 88) y diferencias en cuanto al contexto o lo que ellos llaman especificidad del contexto (Bernat & Lloyd, 2007, p. 88). Por su parte, Bacon y Finnemann (1992) examinaron el impacto del género en las creencias, actitudes, estrategias y experiencias de los aprendices, con 938 estudiantes adultos de idiomas extranjeros. Revelaron que existían diferencias significativas en las creencias sobre el aprendizaje de idiomas entre aprendices masculinos y femeninos. A través de análisis discriminante, encontraron que las participantes femeninas, a diferencia de las masculinas, mostraban un nivel más alto de motivación y uso de estrategias en el aprendizaje de idiomas y la interacción social con el idioma objetivo (español), así como un mayor uso de estrategias globales para manejar entradas auténticas.

De la revisión anterior, se deduce que la influencia de la variable de género en las creencias sobre el aprendizaje de idiomas puede variar según el contexto. Por tanto, es importante realizar el estudio actual en Colombia sin extrapolar resultados de otros contextos diferentes. Ahora, tras haber revisado estudios centrados en la relación entre la variable de género y las creencias sobre el aprendizaje de idiomas, es el momento de abordar estudios relevantes que se enfocan en la relación entre las creencias sobre el aprendizaje de idiomas y la variable socioeconómica.

4.2. CREENCIAS Y EL ESTATUS SOCIOECONÓMICO

Es importante aclarar que, aunque existe considerable investigación sobre la relación entre el aprendizaje de idiomas y el estatus socioeconómico, la escasez de investigación enfocada en la relación entre las creencias de los estudiantes de idiomas sobre el aprendizaje de idiomas y su estrato socioeconómico es notable. El presente estudio busca contribuir a llenar este vacío de investigación. En este sentido, se ha considerado al estatus socioeconómico (SES) como un fuerte predictor del aprendizaje estudiantil (Coleman, 1966; Majoribanks, 1996). Ghani (2003), por ejemplo, mostró que el SES influye considerablemente en el éxito en el aprendizaje del inglés en Pakistán. Además, se ha observado que el SES impacta significativamente en la motivación para el aprendizaje de idiomas y las creencias sobre los procesos de aprendizaje (Mantle-Bromley, 1995).

Akram y Ghani (2013), en su estudio dirigido a investigar la relación del estatus socioeconómico con las actitudes y la motivación hacia el aprendizaje del inglés en 240 estudiantes de nivel intermedio de diferentes colegios de Punjab, Pakistán, encontraron una relación estadísticamente significativa entre el SES de los aprendices y su motivación para aprender inglés. Los resultados del análisis MANOVA revelaron que 1) los estudiantes de mayor SES mostraron una actitud más positiva hacia el aprendizaje del inglés, 2) los de mayor SES también informaron una actitud más positiva hacia el pueblo inglés en comparación con los de menor SES, y 3) tanto los estudiantes de mayor como de menor SES mostraron igual intensidad motivacional en el aprendizaje del inglés. Estos hallazgos son consistentes con otros estudios, como el de Hou (2015), que investigó la motivación/actitud de los niños taiwaneses hacia el aprendizaje del inglés y los impactos de factores sociales como edad, género y clase social, con 520 estudiantes de 6 escuelas primarias cerca de la ciudad de Tainan. Este estudio reveló que los niños de hogares de clase media con mejor estatus socioeconómico mostraban una motivación más fuerte, en particular una orientación integradora, una actitud más positiva e intensidad motivacional favorable.

Ariani y Ghafournia (2015) estudiaron la relación entre las creencias de estudiantes iraníes de idiomas sobre el aprendizaje de idiomas y su estatus socioeconómico. El estudio involucró a 350 estudiantes iraníes de posgrado de Administración, cursando cursos de inglés en la Universidad Islámica Azad en Neyshabur. Según su estatus socioeconómico, 25 estudiantes pertenecían a la clase alta, 70 a la clase media alta, 108 a la clase media, 108 a la clase media baja y 42 a la clase baja. Utilizaron el BALLI de Horwitz (1987) de 35 ítems y un Cuestionario de la Escala de Estatus Socioeconómico (SES) desarrollado por los investigadores. Los datos fueron analizados estadísticamente, incluyendo la fórmula de alfa de Cronbach, análisis de componentes principales y estadísticas descriptivas. Los hallazgos reflejaron que las creencias y percepciones de los estudiantes relacionadas con el aprendizaje de idiomas estaban conectadas con su estatus socioeconómico y que los factores sociales ejercen una influencia sustancial en el proceso de aprendizaje de idiomas.

Gayton (2010) investigó hasta qué punto el estatus socioeconómico determina la motivación de los alumnos para el aprendizaje de idiomas, entrevistando a once profesores de secundaria en Escocia, Alemania y Francia. Encontró que, en esos tres contextos, el estatus socioeconómico estaba vinculado al aprendizaje de idiomas a través de la movilidad de los alumnos. Evidenció que la movilidad ayuda a motivar a los alumnos en su estudio de idiomas extranjeros, y la movilidad se facilita al tener un estatus socioeconómico más alto, indicando una correlación entre un estatus socioeconómico bajo y una motivación baja, y un estatus alto y una motivación alta.

En resumen, al observar los hallazgos de estudios previos sobre las creencias en el aprendizaje de idiomas y su relación con el estatus socioeconómico, se concluye que el estatus socioeconómico puede ejercer una influencia significativa en las creencias de los aprendices sobre el aprendizaje de idiomas.

4.3. CREENCIAS Y LA EDAD

Aunque los efectos de la edad en el aprendizaje de un segundo idioma o un idioma extranjero han sido uno de los principales temas de interés y debate entre investigadores y académicos en el campo de la Adquisición de Segundas Lenguas, se ha hecho poco esfuerzo para explorar la relación entre las percepciones sobre el estudio de idiomas y la edad. En cuanto a la edad y el dominio de un segundo o idioma extranjero, por ejemplo, existe una creencia generalizada de que cuanto más joven, mejor en el aprendizaje de un segundo o idioma extranjero (Brown, 1994; Johnson, 1990; Newport, 1990). Larsen-Freeman y Long (1991), por ejemplo, afirman que los mayores aprenden más rápido, pero los más jóvenes aprenden mejor. A su vez, Ellis (2003), basándose en una revisión exhaustiva de la investigación sobre el efecto de la edad en la adquisición de idiomas, algunos de ellos basados en evidencia positiva para la hipótesis del período crítico (CPH, teoría que sugiere un periodo durante el cual el aprendizaje de un segundo idioma es significativamente más efectivo), presenta cinco conclusiones generales sobre este tema, que se evocan aquí.

1) Los estudiantes adultos tienen una ventaja inicial en cuanto a la tasa de aprendizaje, particularmente en gramática. Eventualmente serán superados por los niños estudiantes que reciban suficiente exposición al segundo idioma (L2). Esto es menos probable que ocurra en entornos instruccionales que en entornos naturalistas porque la cantidad crítica de exposición generalmente no está disponible en los primeros.

2) Solo los niños son capaces de adquirir un acento nativo en contextos de aprendizaje informales.

3) Los niños pueden ser más propensos a adquirir una competencia gramatical nativa... sin embargo, algunos estudiantes adultos pueden lograr niveles nativos de precisión gramatical en el habla y la escritura e incluso una 'competencia lingüística' completa.

4) Independientemente de si se alcanza la competencia de hablante nativo, los niños tienen más probabilidades de alcanzar niveles más altos de rendimiento tanto en pronunciación como en gramática que los adultos.

5) El proceso de adquisición de una gramática en L2 no se ve sustancialmente afectado por la edad, pero el de adquirir la pronunciación sí puede serlo (Ellis, 2003).

Además, Gawi (2012) se propuso investigar el efecto de la edad en el estudio del inglés en Arabia Saudita encuestando a dos grupos de estudiantes: el primer grupo consistió en 29 estudiantes que estudian inglés en la Escuela Primaria Alajial (nivel cuatro); y el segundo grupo consistió en 24 estudiantes que aprenden inglés en la Escuela Intermedia Alrwad (tercer grado). Gawi planteó la siguiente pregunta de investigación en su estudio: ¿Existe una diferencia significativa entre los estudiantes saudíes que comienzan a aprender inglés a los 5/6 años en comparación con aquellos que lo hacen a los 12/13 años? Para recopilar los datos, administró un cuestionario de 31 ítems, organizado en un formato de escala Likert de 5 puntos que iba de "totalmente de acuerdo" a "totalmente en desacuerdo", que mostró una fiabilidad de Cronbach Alfa que oscilaba entre 0.79 y 0.81 y un coeficiente de validez interna estadísticamente significativo (coeficiente de correlación de Pearson al nivel 0.01). Como resultado del estudio, descubrió que el rendimiento de los estudiantes que comienzan a aprender un idioma extranjero a una edad más temprana (5/6) es mejor que aquellos que comienzan más tarde (12/13); cuanto más jóvenes son los estudiantes, mejor aprenderán inglés; y los estudiantes jóvenes hablan inglés con más fluidez que los estudiantes adultos (Gawi, 2012). La parte del estudio que aborda las convicciones de los estudiantes sobre la edad reveló que los participantes están de acuerdo con las siguientes tres afirmaciones: 1) los estudiantes jóvenes son mucho mejores que los adultos para adquirir vocabulario, 2) la edad adecuada para comenzar a aprender EFL es a los 5-6 años, y 3) el rendimiento de los estudiantes que comienzan a aprender EFL a la edad de 12/13 años y han estudiado el idioma durante cuatro años es débil (Gawi, 2012). Estos resultados implican que comenzar a aprender un idioma a una edad más temprana se percibe como un factor favorable para mejorar las habilidades comunicativas de los estudiantes de inglés.

En un estudio de 2010, Fatehi Rad administró el test BALLI a 100 estudiantes iraníes de la Universidad Azad de Kerman, con edades entre los dieciocho y los veinticinco años, con el fin de examinar sus creencias sobre el aprendizaje del idioma inglés y determinar los efectos del género, la edad y el campo de estudio en los estudiantes de EFL de la Universidad Azad de Kerman. Basado en métodos estadísticos, que incluyeron análisis de correlación, medidas de fiabilidad, análisis de medias y análisis de regresión, el estudio reveló que no había una relación significativa entre la edad y las creencias sobre el aprendizaje de idiomas en ninguno de los cinco aspectos de las creencias lingüísticas en los que se centra el BALLI.

De hecho, como se señaló anteriormente, aunque obtener información sobre la relación entre las percepciones de los estudiantes sobre el estudio de idiomas y la edad es esencial para planificar una instrucción de idiomas efectiva, al revisar la literatura sobre esta variable se observa una escasez de estudios. A pesar de este hecho, se puede concluir que la edad es otra característica esencial de los participantes que podría influir potencialmente en las creencias sobre el aprendizaje de idiomas y el presente estudio contribuye a compensar la escasez de investigación en esta área.

4.4. CREENCIAS Y LA COMPETENCIA LINGÜÍSTICA

En este estudio, el nivel de inglés, junto con el género, el estrato socioeconómico y la edad, es considerado otra característica fundamental de los participantes que tiene el potencial de influir en las creencias sobre el aprendizaje de idiomas. Es importante destacar que la competencia lingüística ha sido determinada por los investigadores de diversas maneras, incluyendo pruebas de logro lingüístico (Phillips, 1991), autoevaluaciones (Oxford & Nyikos, 1989), calificaciones en cursos de idiomas (Mullins, 1992), exámenes de colocación (Mullins, 1992) y años de estudio del idioma (Watanabe, 1990). En este estudio, la competencia lingüística de los participantes se determinó en base a sus calificaciones en cursos de idiomas. Además, es pertinente señalar que, hasta la fecha, ha habido muy pocos estudios enfocados en examinar la relación entre las creencias sobre el aprendizaje de idiomas y el nivel de inglés. A continuación, se discuten algunos de estos estudios.

Abdolahzadeh y Nia (2014) investigaron las relaciones estadísticamente significativas entre los niveles de competencia lingüística de aprendices iraníes y sus creencias sobre el aprendizaje de idiomas. Participaron en el estudio un total de 226 estudiantes (113 hombres y 113 mujeres) de escuelas públicas, a quienes se les administró una versión persa del BALLI de 34 ítems de Horwitz (1987) y una versión en papel del *Key English Test* (KET) para medir su competencia general en inglés. El estudio reveló, a través de análisis de correlación, por un lado, una correlación positiva y significativa entre la competencia lingüística y las creencias sobre el aprendizaje de idiomas, y por otro lado, que los participantes tenían fuertes creencias en las categorías de motivación y expectativas y aptitud para el aprendizaje de idiomas extranjeros. En cuanto a la correlación entre la competencia lingüística y las creencias sobre el aprendizaje de idiomas, encontraron, mediante una serie de análisis de correlación de Pearson, una baja correlación positiva ($r = .36$, $n = 221$, $p = .000$, $p < .01$), lo que indica que la competencia lingüística tiene correlaciones débiles positivas con cada uno de los constructos de las creencias sobre el aprendizaje de idiomas. Estos resultados son congruentes con los hallazgos de Hong (2006), Abedini, Rahimi y Zareee (2011) y Bagherzadeh (2011), pero no consistentes con los informados por Diab (2000), quien no encontró una correlación significativa entre la competencia lingüística de 284 estudiantes universitarios en tres universidades en Líbano y sus puntuaciones de creencias. Respecto a las cinco categorías de creencias sobre el aprendizaje de idiomas examinadas con el BALLI de Horwitz (1987), el estudio de Abdolahzadeh y Nia (2014) reveló que los aprendices tenían la creencia más fuerte en motivación y expectativas, seguido por estrategias de aprendizaje y comunicación y la naturaleza del aprendizaje de idiomas. Los otros dos factores (aptitud para el idioma extranjero y la dificultad del aprendizaje de idiomas) mostraron las puntuaciones más bajas.

Los resultados del estudio de Abdolahzadeh y Nia (2014) son consistentes con algunos otros estudios previos, incluidos los encontrados por Chang y Shen (2010) y Sioson (2011), quienes descubrieron que las creencias de motivación y expectativas mostraron las puntuaciones más altas.

Otro estudio realizado por Wang y Rajprasit (2015) tenía un triple objetivo: 1) investigar las creencias autoinformadas sobre el aprendizaje del idioma inglés de estudiantes tailandeses de baja y alta competencia matriculados en cursos de inglés de nivel universitario, 2) identificar las creencias afirmativas más prevalentes entre ambos grupos de estudiantes, y 3) identificar las similitudes y diferencias entre las creencias de estudiantes de baja y alta competencia respecto al aprendizaje del idioma inglés. Había un total de 495 participantes divididos en dos grupos: estudiantes de baja competencia y estudiantes de alta competencia. El primer grupo estaba formado por 252 estudiantes de inglés de nivel intermedio y el segundo por 243 estudiantes de inglés de nivel superior-intermedio. En su estudio, utilizaron una versión modificada de 33 ítems del BALLI de Horwitz (1987), así como un cuestionario demográfico. Se calcularon estadísticas descriptivas, incluyendo media, desviación estándar y frecuencia. En cuanto a las creencias afirmativas prevalentes sostenidas por ambos grupos de estudiantes de baja y alta competencia, los resultados revelaron que, mientras que los estudiantes de baja competencia informaron la creencia de que el vocabulario es esencial para aprender inglés en primer lugar, los estudiantes de alta competencia informaron la creencia de que la práctica es necesaria para aprender inglés para ser utilizado en situaciones comunicativas reales en primer lugar, indicando que mientras la principal preocupación de los estudiantes de baja competencia era tener un vocabulario lo suficientemente amplio, la principal preocupación de los estudiantes de alta competencia era utilizar el idioma en situaciones de la vida real. Asimismo, los resultados mostraron que en 10 de los 33 ítems el grado de acuerdo entre los estudiantes de baja y alta competencia fue diferente. Concretamente, mientras que los estudiantes de baja competencia estuvieron algo de acuerdo con las afirmaciones de que deberían conocer al menos un idioma extranjero para aprender bien inglés y los estudiantes que son buenos en Matemáticas y Ciencias tienden a aprender bien inglés, los estudiantes de alta competencia no estuvieron de acuerdo con esas afirmaciones. Por otro lado, mientras que los estudiantes de baja competencia estuvieron de acuerdo con las afirmaciones de que cualquiera puede hablar inglés cuando tienen la oportunidad de usarlo, estudiar en un país donde el inglés se habla como lengua materna aumentará la capacidad de uno para aprender inglés y el tiempo para practicarlo, la práctica es necesaria para aprender inglés para ser utilizado en situaciones comunicativas reales, la práctica regular me ayudará a aprender mejor el inglés, escuchar la pronunciación nativa de canciones o películas mejorará mis habilidades de hablar y escuchar y el inglés es esencial para la educación de posgrado, los estudiantes de alta competencia estuvieron muy de acuerdo con esos ítems. Mientras que los estudiantes de baja competencia estuvieron algo de acuerdo con las afirmaciones de que puedo entender el inglés mejor en comparación con otros idiomas extranjeros y puedo hablar inglés mejor en comparación con otros idiomas extranjeros, los estudiantes de alta competencia estuvieron de acuerdo con esas afirmaciones.

Por su parte, Fujiwara (2014) investigó las creencias de 532 estudiantes universitarios tailandeses de inglés como lengua extranjera acerca del aprendizaje de idiomas utilizando el modelo BALLI de Horwitz. El objetivo era identificar posibles diferencias significativas en las creencias sobre el aprendizaje de idiomas entre grupos de estudiantes con distintos niveles de competencia en inglés, mediante análisis estadísticos de sus respuestas a BALLI. Estos análisis se basaron en cinco factores identificados empíricamente por Fujiwara en un estudio previo, etiquetados como Estrategias de aprendizaje y comunicación, Aspectos importantes del aprendizaje de idiomas,

Expectativas y dificultad de aprender inglés, Naturaleza y aptitud para el aprendizaje de idiomas, y Dificultad y capacidad para el aprendizaje de idiomas. Aunque el 3.3% de los estudiantes estaban en clases de nivel avanzado, el 26.9% en clases de nivel intermedio y el 69.7% en clases de nivel elemental, solo los estudiantes matriculados en los dos niveles inferiores (es decir, elemental e intermedio) fueron examinados. Los resultados revelaron una diferencia significativa entre los grupos de estudiantes con diferentes niveles de competencia en inglés. Esta diferencia se encontró en dos de los cinco factores: el Factor 2, etiquetado como aspectos importantes del aprendizaje de idiomas, que mostró $F (1, 468) = 6.766$, $p = .010$, eta cuadrada parcial = .014; y el Factor 5, etiquetado como dificultad y capacidad para el aprendizaje de idiomas, que presentó $F (1, 468) = 9.955$, $p = .002$, eta cuadrada parcial = .021, utilizando un nivel alfa ajustado de Bonferroni de .01. Estos resultados indicaron que los estudiantes con un nivel de competencia más alto tendían a creer que leer y escribir en inglés era más fácil que hablar y entenderlo, que se requiere mucha memorización en el aprendizaje de idiomas y que es útil usar el idioma de destino incluso si el aprendiz no está perfectamente preparado para ello todavía. Además, este tipo de estudiantes mostró la tendencia a negar la importancia de la gramática, el aprendizaje de vocabulario y aprender a traducir. También tendieron a rechazar la creencia de que no se debe decir nada si no se puede decir correctamente. Estos resultados respaldan la idea ampliamente aceptada entre los investigadores (Mori, 1999; Wang & Rajprasit, 2015) de que los estudiantes de idiomas en diferentes niveles de competencia (y también en diferentes etapas de aprendizaje) tienen diferentes creencias sobre el aprendizaje de idiomas.

En general, la mayoría de los estudios revisados anteriormente, centrados en explorar la relación entre las creencias sobre el aprendizaje de idiomas y variables como el género, el nivel de inglés, el estrato socioeconómico y la edad, respaldan la proposición de que dichas creencias de los aprendices pueden verse afectadas por las características de quienes las poseen. Obtener una comprensión profunda de este fenómeno es fundamental para planificar una instrucción de idiomas efectiva. Asimismo, la revisión de la literatura evidenció la escasez de investigaciones en esta área, destacando que los esfuerzos destinados a mejorar la comprensión del papel de factores esenciales como el género, el nivel de inglés, el estrato socioeconómico y las variables de edad en las creencias sobre el aprendizaje de idiomas son valiosos y necesarios. Por lo tanto, el presente estudio constituye un intento de contribuir a esta misión.

Ahora, después de haber revisado algunos estudios relevantes sobre las creencias en el aprendizaje de idiomas, es momento de esbozar los principales enfoques de investigación en las creencias sobre el aprendizaje de idiomas, con el fin de obtener un panorama amplio de esta área.

4.5. DISTINTOS ENFOQUES DE INVESTIGACIÓN

Una variedad de enfoques metodológicos para estudiar las creencias sobre el aprendizaje de idiomas, ya sean creencias de estudiantes o de profesores de idiomas, ha sido evidenciada en la literatura en este campo. Estos enfoques han sido clasificados en tres categorías amplias: el enfoque normativo, el enfoque metacognitivo y el enfoque contextual (como lo describen Barcelos, 2000, 2003; Bernat & Gvozdenko, 2005; Johnson, 1992). Según Barcelos (2003), esta clasificación se basa en cuatro cuestiones: según su definición de creencias, metodología, relación entre creencias y acciones, y ventajas y desventajas.

El enfoque normativo se caracteriza por considerar las creencias de los estudiantes sobre el aprendizaje de idiomas como nociones

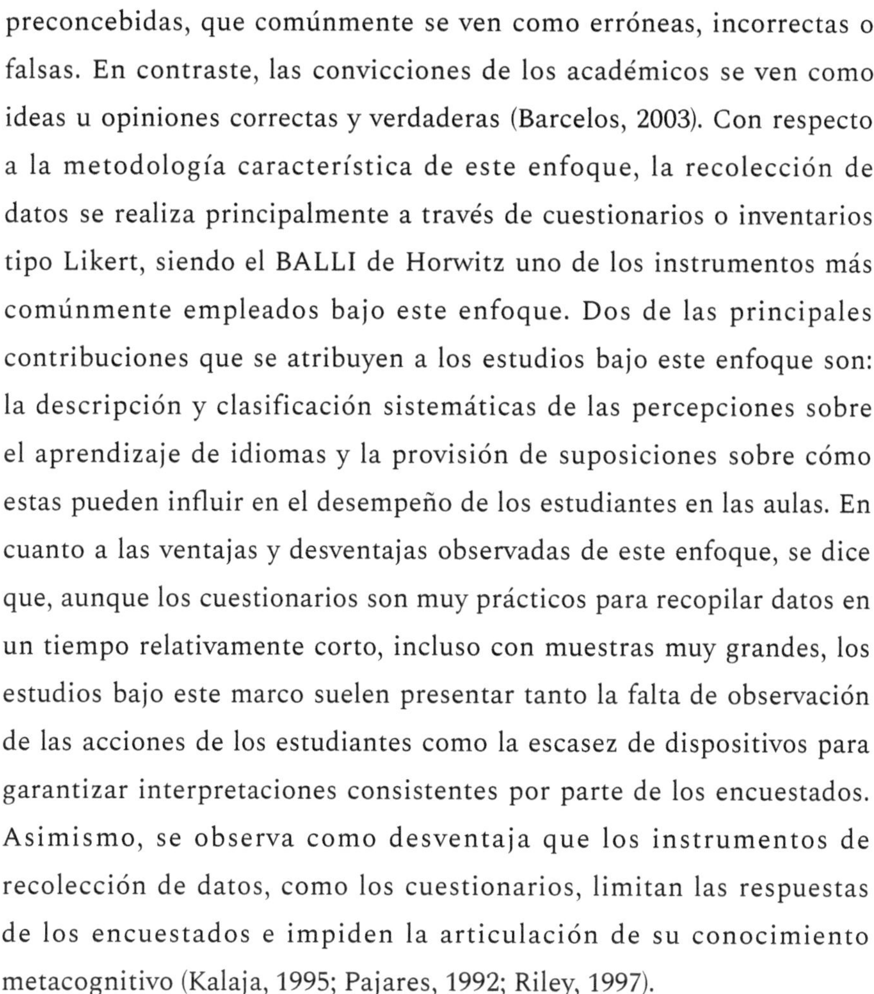

preconcebidas, que comúnmente se ven como erróneas, incorrectas o falsas. En contraste, las convicciones de los académicos se ven como ideas u opiniones correctas y verdaderas (Barcelos, 2003). Con respecto a la metodología característica de este enfoque, la recolección de datos se realiza principalmente a través de cuestionarios o inventarios tipo Likert, siendo el BALLI de Horwitz uno de los instrumentos más comúnmente empleados bajo este enfoque. Dos de las principales contribuciones que se atribuyen a los estudios bajo este enfoque son: la descripción y clasificación sistemáticas de las percepciones sobre el aprendizaje de idiomas y la provisión de suposiciones sobre cómo estas pueden influir en el desempeño de los estudiantes en las aulas. En cuanto a las ventajas y desventajas observadas de este enfoque, se dice que, aunque los cuestionarios son muy prácticos para recopilar datos en un tiempo relativamente corto, incluso con muestras muy grandes, los estudios bajo este marco suelen presentar tanto la falta de observación de las acciones de los estudiantes como la escasez de dispositivos para garantizar interpretaciones consistentes por parte de los encuestados. Asimismo, se observa como desventaja que los instrumentos de recolección de datos, como los cuestionarios, limitan las respuestas de los encuestados e impiden la articulación de su conocimiento metacognitivo (Kalaja, 1995; Pajares, 1992; Riley, 1997).

El segundo marco teórico y metodológico para el estudio de las creencias sobre el aprendizaje de idiomas es el enfoque metacognitivo. Dentro de este enfoque, se considera que las creencias son conocimientos subjetivos, individuales, relativamente estables y, por lo general, aceptados sin cuestionamientos (Alexander & Dochy, 1995; Wenden, 1987, 1999). Bajo este marco, las creencias también se ven como un subconjunto del conocimiento metacognitivo (Wenden, 1999), que puede ayudar a los estudiantes a ser autónomos en su proceso de aprendizaje. De acuerdo con esta perspectiva, las creencias y las acciones están altamente relacionadas con las estrategias de aprendizaje de idiomas (Barcelos, 2006). Sin embargo, aunque dentro de este enfoque, las creencias se ven como un subconjunto del conocimiento metacognitivo, algunos autores, como Wenden (1999), subrayan que el conocimiento metacognitivo es, a diferencia de las creencias, un entendimiento caracterizado por ser fáctico, objetivo y generalmente adquirido en entornos formales. En cuanto a los recursos para recopilar datos, la investigación bajo el enfoque metacognitivo se destaca por el uso de entrevistas semiestructuradas, que tienen una estructura básica, pero permiten la libertad de explorar temas más ampliamente, y cuestionarios autoinformados. En consecuencia, el procedimiento de análisis de datos más común es a través de un paradigma interpretativo (análisis de contenido). Una de las ventajas atribuidas a este enfoque es, en palabras de Barcelos, que el uso de entrevistas da a los estudiantes la oportunidad de elaborar y reflexionar sobre su experiencia (Barcelos, 2003, p. 19). Otra está relacionada con las percepciones ganadas sobre el conocimiento metacognitivo de los estudiantes con respecto al aprendizaje autodirigido. Esencialmente, el aprendizaje autodirigido se concibe como cualquier actividad de estudio en la que los estudiantes asumen la responsabilidad principal de planificar, dirigir o supervisar, e incluso evaluar su proceso de aprendizaje. En cuanto a las limitaciones de este enfoque, se dice que su marco solo ofrece la posibilidad de determinar las creencias a partir de intenciones y declaraciones, y no de acciones.

El tercer enfoque de investigación para el estudio de las creencias sobre el aprendizaje de idiomas es el enfoque contextual. Los estudios correspondientes a esta perspectiva son relativamente recientes y se consideran heterogéneos porque analizan las creencias desde diversas perspectivas. Estos estudios se caracterizan por emplear una amplia gama de técnicas e instrumentos para la recolección de datos, incluyendo observación etnográfica en el aula (Barcelos, 2000), análisis de metáforas (Ellis, 2001), diarios (Nunan, 2000), estudio de casos (Allen, 1996), análisis del discurso (Kalaja, 1995; Riley, 1997) y fenomenografía, un método de investigación que se enfoca en cómo las personas perciben y comprenden diferentes fenómenos (White, 1999). Dentro de esta metodología, las creencias, a veces etiquetadas como representaciones (Riley, 1997), se ven como entidades dinámicas, contextuales y sociales (Goodwin & Duranti, 1992). Además, la naturaleza de las creencias de los estudiantes se entiende según el contexto y la experiencia de los estudiantes, ya que las creencias están profundamente integradas en los contextos particulares de los estudiantes (Bernat & Gvozdenko, 2005). Al observar la relación entre creencias y acciones, se concluye que dentro de este enfoque el conocimiento está situado, por lo tanto, los contextos en los que tiene lugar el proceso de aprendizaje son de suma importancia para la investigación de las creencias.

En cuanto a las ventajas de este enfoque, se ve como un hecho positivo de este marco presentar una perspectiva naturalista-ecológica de las creencias, y la naturaleza social y dinámica de las creencias de los estudiantes y su entorno. De hecho, a este enfoque, a diferencia de los enfoques normativo y metacognitivo, se le reconoce el mérito de contribuir al estudio de creencias al considerar el contexto como un elemento importante para la investigación de las creencias de los estudiantes. Además, a este enfoque se le atribuye haber contribuido a proponer más y variados métodos para examinar las creencias. Sin embargo, una de las limitaciones del enfoque normativo es el proceso que consume tiempo requerido en el momento de aplicar métodos, como la observación en el aula o el análisis del discurso, para investigar las creencias.

Resumiendo lo anterior, cada uno de los tres amplios enfoques de investigación de las creencias, identificados en la literatura lingüística - comúnmente conocidos como el enfoque normativo, el enfoque metacognitivo y el enfoque contextual - presenta importantes contribuciones y limitaciones al estudio de las creencias en su marco metodológico. Concretamente, el enfoque normativo, ampliamente reconocido por el uso de cuestionarios tipo Likert para explorar creencias, es positivamente reconocido tanto por el uso de un método práctico para recopilar datos en un tiempo relativamente corto como por la provisión de descripción y clasificación de las creencias, pero criticado por la escasez de observación sobre el desempeño de los estudiantes y la falta de dispositivos para garantizar interpretaciones consistentes por parte de los encuestados. A su vez, el enfoque metacognitivo, caracterizado por inferir creencias a través del uso de autoinformes y entrevistas, es reconocido por contribuir en esta área con percepciones sobre el conocimiento metacognitivo de los estudiantes y formas de ayudar a los estudiantes a ser más autónomos y reflexionar sobre su experiencia de aprendizaje. Sin embargo, este enfoque es cuestionado por la falta de esfuerzos para examinar cómo el contexto afecta las creencias de los estudiantes. Finalmente, el enfoque contextual se destacó por recurrir a diferentes herramientas y métodos para el análisis de datos, y es positivamente referenciado por tener en cuenta el contexto como un factor importante para la investigación de las creencias de los estudiantes, así como la naturaleza social y dinámica de las creencias, pero a veces problematizado debido al esfuerzo que consume tiempo necesario a través de sus métodos para examinar las creencias de los estudiantes sobre el aprendizaje de idiomas.

En resumen, cada uno de los tres enfoques para el estudio de las creencias aporta perspectivas únicas y valiosas, aunque con sus propias limitaciones, contribuyendo así de manera significativa al campo del aprendizaje de idiomas.

Capítulo V.
Metodología en la

investigación de las creencias

5.1. METODOLOGÍA EN LA LINGÜÍSTICA APLICADA

Dentro de la lingüística aplicada, la investigación podría definirse, en términos amplios, como cualquier indagación sistemática y fundamentada (Brown, 2004). La investigación en el aprendizaje de idiomas comúnmente se ha abordado desde la distinción tradicional entre los enfoques cualitativo y cuantitativo (Dörnyei, 2007). Al respecto, Byram (2000) destaca que, en el aprendizaje de idiomas, parece claro que las dos tradiciones continuarán coexistiendo y que ambas contribuirán a nuestra comprensión cada vez más sofisticada de los complejos factores psicológicos y sociolingüísticos en juego en el aprendizaje y enseñanza de idiomas. Sin embargo, es importante señalar que otro enfoque de investigación, conocido como investigación de métodos mixtos (también conocido como investigación multitarea-multimétodo, interrelación de datos cualitativos y cuantitativos, triangulación metodológica, investigación multimetodológica y estudios de modelo mixto), ha sido introducido en las últimas décadas (Dörnyei, 2007). Este enfoque implica incorporar la investigación cualitativa y cuantitativa, ya sea en los niveles de recolección o análisis de datos, dentro de un único proyecto de investigación. Con respecto a este enfoque, Dörnyei (2007) señala que este es un campo de metodología de investigación nuevo y vigorosamente en crecimiento, que implica el uso combinado de métodos cualitativos y cuantitativos con la esperanza de ofrecer lo mejor de ambos mundos. Para una mejor comprensión de los principales enfoques de investigación en el aprendizaje de idiomas, es útil examinar brevemente lo que yace en el corazón de la investigación cualitativa, cuantitativa y de métodos mixtos.

En cuanto a la distinción entre investigación cualitativa y cuantitativa, Nunan (1992), en una revisión de la literatura sobre este tema, señala que aquellos que establecen una distinción sugieren que la investigación cuantitativa es intrusiva y controlada, objetiva, generalizable, orientada a resultados y asume la existencia de hechos que de alguna manera son externos e independientes del observador o investigador. Por otro lado, la investigación cualitativa asume que todo conocimiento es relativo, que hay un elemento subjetivo en todo conocimiento e investigación, y que los estudios holísticos e ingeneralizables son justificables. La distinción entre enfoques cualitativos y cuantitativos en la investigación ha sido criticada por autores en el campo (Dörnyei, 2007; Grotjahn, 1987; Nunan, 1992). Por ejemplo, Nunan (1992) argumenta que esta distinción es "simplista" y "naive". Además, Brown (2004) presenta una lista de siete problemas al abordar la investigación en términos de un enfoque cualitativo versus cuantitativo:

1) Dicotomizar la investigación cualitativa versus cuantitativa deja fuera totalmente tipos secundarios de investigación, como las revisiones de literatura.

2) Trata como monolíticas al menos siete técnicas cualitativas de investigación muy distintas: investigación de casos, investigación introspectiva, análisis del discurso, análisis de la interacción, observación en el aula, entrevistas; y cuestionarios.

3) Representa como monolíticas al menos diez tradiciones de investigación cualitativa provenientes de una variedad de otros campos, como la antropología y la teología.

4) Presenta como monolíticas al menos seis técnicas cuantitativas de investigación muy diferentes: entrevistas; cuestionarios; descriptiva; exploratoria; cuasi-experimental; y experimental.

5) Ignora la forma en que la investigación de encuestas, incluyendo

entrevistas y cuestionarios, es tanto cualitativa como cuantitativa.

6) Ignora las formas en que los investigadores a menudo combinan técnicas de investigación cualitativa y cuantitativa.

7) Confunde los métodos de investigación (interpretativo, encuesta y estadístico) con las técnicas de investigación (como las enumeradas en los puntos segundo y cuarto).

Basándose en estos problemas mencionados, Brown (2004) sugiere abordar estas dos tradiciones de investigación (investigación cuantitativa e investigación cualitativa) como un continuo cual-cuant (visión compartida por Newman & Benz, 1998), mi visión de las metodologías cuantitativas y cualitativas como un continuo... como cuestión de grados, un continuo, en lugar de una dicotomía clara. Para él, el continuo es interactivo, lo que significa que pueden actuar juntos en todas las combinaciones posibles en diferentes grados (Brown, 2004). Así, ver la investigación cuantitativa y cualitativa como interactiva, en lugar de dicotómica o incompatible, es, según Brown (2004), un enfoque más constructivo y preciso.

En la misma línea, Grotjahn (1987), en un intento de evitar tratar la investigación desde una perspectiva dicotómica cualitativa versus cuantitativa, propuso interactuar o combinar tres dimensiones o aspectos de la investigación: método de recolección de datos, tipo de datos resultantes y tipo de análisis de datos. La primera dimensión, el método de recolección de datos, se refiere a si los datos se han recopilado experimentalmente o no; la segunda dimensión, el tipo de datos producidos a través de la investigación, indica si es cualitativo o cuantitativo; y la tercera dimensión, el tipo de análisis realizado a los datos, establece si dicho análisis es estadístico o interpretativo.

Del mismo modo, Grotjahn (1987) afirma que existen dos paradigmas puros, el analítico-nomológico, caracterizado por la recolección de datos cuantitativos de manera experimental y la realización de análisis estadístico a esos datos, y el exploratorio-interpretativo, identificado por la recolección de datos cualitativos de manera no experimental y la realización de análisis interpretativo a los datos. Además, este autor destaca la existencia de paradigmas híbridos (formas mixtas), resultantes de combinar y emparejar diferentes variables.

Para resumir, la clasificación de tipos de diseño de investigación de Grotjahn (1987), citada en Nunan (1992), demuestra claramente que la investigación puede clasificarse según tres dominios: métodos de recolección de datos (es decir, experimentales frente a no experimentales), tipos de datos (cualitativos versus cuantitativos) y procedimientos de análisis de datos (estadísticos versus interpretativos). Además, muestra que pueden surgir dos paradigmas puros y seis paradigmas mixtos al analizar estudios de investigación reales. De igual manera, Grotjahn (1987) critica las tradiciones de investigación que se fundamentan en la distinción cualitativo-cuantitativa, considerándola tosca y simplista. Posteriormente, Brown (2004), basándose en el trabajo de Grotjahn (1987), identifica 12 características que pueden interactuar en la investigación primaria (considerada aquella derivada de datos originales). Estas características incluyen el tipo de datos, métodos de recolección de datos, métodos de análisis de datos, intrusividad, selectividad, descripción de variables, generación de teorías, razonamiento, contexto, orientación temporal, participantes y perspectiva. El enfoque de Brown (2004) sobre la investigación se basa en lo que Newman y Benz (1998) llamaron el continuo cual-cuant. Además, es importante destacar que las 12 características mencionadas están dentro de tres metodologías de investigación primaria generales: interpretativa, de encuesta y estadística. La metodología interpretativa incluye estudios de caso, introspección, análisis del discurso, análisis de la interacción y observación en el aula; la metodología de encuesta abarca encuestas y cuestionarios; y la estadística comprende enfoques descriptivos, exploratorios, cuasi-experimentales y experimentales. Desde esta perspectiva de los principales enfoques de investigación en lingüística aplicada, se observa que ha sido marcada por tradiciones en las que la distinción cualitativo-cuantitativa es fundamental. Sin embargo, es evidente que, en los últimos años, la investigación en este campo no solo se ha centrado en enfoques cualitativos o cuantitativos, sino también en la investigación de métodos mixtos, que ha ganado popularidad creciente. Los defensores de la investigación de métodos mixtos sugieren que las fortalezas de un método pueden utilizarse para superar las debilidades de otro método en el estudio (Dörnyei, 2007). En este sentido, es probable que este estudio también se base en la investigación de métodos mixtos para lograr una mejor comprensión del significado e implicaciones de los hallazgos y mejorar la validez de los resultados. Dicho esto, ahora es el momento de avanzar hacia los criterios y estándares de calidad para evaluar la solidez de la investigación.

5.2. CRITERIOS DE LA CALIDAD

Los investigadores emplean diversos criterios para evaluar la solidez de sus investigaciones. No obstante, como bien indica Dörnyei (2007), al intentar especificar los concretos criterios de calidad a aplicar, nos encontramos con una multitud de perspectivas paralelas o alternativas y muy poco consenso. A pesar de esta falta de consenso, es habitual que los investigadores adopten los conceptos más reconocidos y relevantes para valorar y documentar la legitimidad de sus hallazgos. En este sentido, en la investigación cualitativa, los estándares comúnmente considerados para juzgar la solidez de la investigación están relacionados con los conceptos de dependabilidad, confirmabilidad, credibilidad y transferibilidad. Por otro lado, en la investigación cuantitativa, los conceptos clave son la fiabilidad, replicabilidad, generalizabilidad y validez (Brown, 2004; Dörnyei, 2007). Un examen breve de estos conceptos resultará útil para los fines de este estudio.

5.2.1. Conceptos fundamentales

Como se discutió anteriormente, en la evaluación de la solidez de la investigación, los defensores del enfoque cuantitativo se basan en los conceptos de fiabilidad, replicabilidad, generalizabilidad y validez (Brown, 2004; Dörnyei, 2007). De hecho, este estudio se centra en dos de estos conceptos (fiabilidad y validez) para evaluar sus hallazgos y las propiedades psicométricas del instrumento desarrollado, el COBALTALI. Estos cuatro conceptos tienen correspondencias en la investigación cualitativa, donde la fiabilidad se equipa con dependabilidad, la replicabilidad (también llamada objetividad) con confirmabilidad, la generalizabilidad (o validez externa) con transferibilidad y la validez (o validez interna) con credibilidad (Brown, 2004; Morrow, 2005). Los defensores de la investigación cuantitativa utilizan una serie de criterios para juzgar la solidez o calidad de su investigación, comparables a los utilizados en la investigación cualitativa. A continuación, se presenta una descripción más detallada de los estándares de calidad utilizados en la investigación cuantitativa para contextualizar este estudio.

La fiabilidad se define como el grado en que un instrumento de medición produce resultados estables y consistentes. Un instrumento que no genere resultados estables y consistentes no permite interpretaciones válidas. La fiabilidad, referida a la repetibilidad o consistencia, no se calcula, sino que se estima, dado que la varianza de las puntuaciones verdaderas no puede ser calculada, sino estimada. Existen cuatro principales estimaciones de fiabilidad: 1) fiabilidad entre evaluadores o entre observadores, 2) fiabilidad test-retest, 3) fiabilidad de formas paralelas, y 4) fiabilidad de consistencia interna. La fiabilidad entre evaluadores o entre observadores evalúa el grado de consistencia en las estimaciones de diferentes evaluadores u observadores sobre el mismo fenómeno. La fiabilidad *Test-Retest* mide la consistencia de una medida de un momento a otro. Las puntuaciones en diferentes tiempos se correlacionan para evaluar la estabilidad temporal de la prueba. La fiabilidad de formas paralelas evalúa la consistencia de los resultados de dos instrumentos de medición similares o de diferentes versiones de un mismo instrumento. La fiabilidad de consistencia interna mide la coherencia de los resultados en ítems que evalúan el mismo constructo dentro de una prueba. Entre las medidas de consistencia interna se incluyen la correlación promedio ítem-total, fiabilidad de mitades y el alfa de cronbach (⊠), siendo este último el método más empleado para estimar la fiabilidad de consistencia interna.

Es crucial reconocer que la fiabilidad es una propiedad de las puntuaciones en un test para una población particular de examinados, lo que significa que se refiere a las puntuaciones y no al instrumento de medición en sí. Los valores de los coeficientes de fiabilidad varían de 0 a 1.0, donde 0 indica ninguna fiabilidad y 1.0, fiabilidad perfecta. Sin embargo, dado que todos los instrumentos de medición conllevan cierto error, es improbable alcanzar coeficientes de fiabilidad de 1.0.

En cuanto a la replicabilidad, este estándar en la investigación cuantitativa se refiere al grado en que un estudio replicado produce los mismos hallazgos que un estudio inicial. Para lograr replicabilidad, es necesario proporcionar información detallada del estudio original, incluyendo detalles sobre los participantes, el instrumento utilizado y los procedimientos de investigación.

Generalizabilidad

La generalizabilidad en la investigación cuantitativa, como bien señala Brown (2004), requiere que los investigadores demuestren hasta qué punto los resultados de un estudio pueden ser justificadamente generalizados o aplicados a una población mayor o a otros grupos similares. Tradicionalmente, la generalizabilidad ha sido sinónimo de validez externa, refiriéndose a la extensión de los hallazgos de un estudio realizado en una muestra específica a una población más amplia (Babbie, 1995). Este estándar de calidad se ha explorado desde diversas perspectivas tanto en la investigación cuantitativa como en la cualitativa (Firestone, 1993; Lincoln & Guba, 1985; Znaniecki, 1934). Firestone (1993), por ejemplo, desarrolló una tipología de generalización que incluye tres modelos: generalización estadística, generalización analítica y traducción de caso a caso. La generalización estadística, según Yin (2003), se produce cuando se hacen inferencias sobre una población (o universo) a partir de datos empíricos recogidos de una muestra. La generalización analítica ocurre cuando se vinculan hallazgos de un estudio con una teoría, y la traducción de caso a caso implica aplicar hallazgos de un estudio en una población o contexto completamente diferente. El modelo de generalización de Firestone (1993) se basa en la visión ampliamente aceptada de que existen dos tipos principales de generalización: la estadística y la analítica.

Validez

La validez en la investigación cuantitativa, que se define comúnmente como el grado en que un instrumento mide lo que pretende medir, ha sido abordado de diferentes maneras en las últimas décadas. Como ejemplo, los *Standards for Educational and Psychological Testing* (Asociación Americana de Investigación Educativa, Asociación Americana de Psicología, y Consejo Nacional sobre Medición en Educación) presentan distintas descripciones de validez. Según Chapelle (1999), en la lingüística aplicada de los años 60, el concepto de validez se entendía como una propiedad o característica de un instrumento de medición del lenguaje. En ese momento, se identificaron tres tipos principales de validez: validez de criterio, validez de contenido y validez de constructo. Dörnyei (2007) explica que la validez de criterio se definía por la correlación del test con otro instrumento similar, la validez de contenido por el juicio de expertos sobre el contenido del test, y la validez de constructo por cómo los resultados del test se ajustaban a una teoría relacionada con el constructo objetivo.

Posteriormente, en 1985, estas tres formas de validez fueron conceptualizadas como un concepto unitario en las principales directrices internacionales para la medición educativa y psicológica. Esta nueva visión unitaria de la validez, establecida después de 1985, ayudó a reconceptualizar este estándar no como una propiedad o característica de un instrumento de medición en sí, sino como una cualidad de las interpretaciones de las puntuaciones del test, considerando la fiabilidad como un tipo de evidencia de validez.

Los cuatro puntos clave aportados por Bachman (2004) son fundamentales para entender mejor la validez:

1) La validez es la calidad de las interpretaciones y no del test o de las puntuaciones del test.

2) La validez perfecta nunca puede ser demostrada completamente; lo máximo que podemos hacer es proporcionar evidencia que haga nuestro argumento de validez más plausible que otras interpretaciones potencialmente competidoras.

3) La validez es específica para una situación determinada y no es automáticamente transferible a otras situaciones.

4) La validez es un concepto unitario que puede ser respaldado con muchos tipos diferentes de evidencia. Estos puntos respaldan el enfoque contemporáneo de la validez, que sugiere que toda validez debe ser considerada bajo el marco general de validez de constructo. Esto implica que los otros dos tipos principales de evidencia de validez, la validez de contenido y la validez relacionada con el criterio, contribuyen

a la evidencia de lo que ahora se entiende como validez de constructo.

En el contexto de la validez de constructo, un constructo se define como una cualidad psicológica como la inteligencia, la competencia, la motivación o la aptitud que no podemos observar directamente, pero que asumimos que existe para explicar el comportamiento observable (Nunan, 1992). Por lo tanto, es crucial definir de manera exhaustiva los constructos investigados para facilitar la comprensión externa y evidenciar la validez de constructo. Teniendo en cuenta que el estándar de validez en la investigación cuantitativa juega un papel importante al evaluar la solidez de dicha investigación, como es el caso en el presente estudio, es pertinente ofrecer una visión más amplia de este estándar (validez).

5.3. CRITERIOS DE LA VALIDAD

La validez es considerada como un concepto clave en los criterios de calidad de la investigación cuantitativa y es también central en este estudio, cuyo objetivo es desarrollar un instrumento para investigar las creencias lingüísticas, conocido como COBALTALI, dotado de propiedades de validez. Como se mencionó anteriormente, se ha producido un cambio hacia una teoría unificada de la validez, donde todos los tipos de validez -validez de contenido, validez relacionada con el criterio y validez de constructo- son considerados dentro de la validez de constructo (Guion, 1980). A pesar de este cambio teórico, en estudios rigurosos enfocados en la validez de instrumentos de investigación, suele haber una tendencia a clarificar cuál de estos tres tipos de validez se está evaluando. En el caso del COBALTALI, el investigador de este estudio optó por especificar qué tipos de validez estaban siendo examinados (validez de contenido y validez de constructo). Esta decisión se tomó para minimizar la confusión entre aquellos que todavía diferencian entre validez de contenido, validez relacionada con el criterio y validez de constructo. Dado lo anterior, parece valioso profundizar en estos tres tipos principales de evidencia de validez.

5.3.1. Concepto

En los estudios precedentes sobre la validez de las mediciones encontramos numerosas definiciones de validez de contenido. Por ejemplo, Polit y Beck (2006) reportan tres definiciones proporcionadas por académicos: 1) el grado en que un instrumento incluye una muestra adecuada de ítems para el constructo que se mide (Polit & Beck, 2004), 2) si los ítems seleccionados para incluir en la herramienta representan adecuadamente el dominio de contenido abordado por el instrumento (Waltz, Strickland, & Lenz, 2005) y 3) la medida en que un instrumento muestrea adecuadamente el dominio de investigación de interés al intentar medir fenómenos (Wynd, Schmidt, & Schaefer, 2003). Del mismo modo, Haynes, Richard y Kubany (1995) definen la validez de contenido como el grado en que los elementos de un instrumento de evaluación son relevantes y representativos del constructo objetivo para un propósito de evaluación particular. De estas definiciones se deduce que la validez de contenido se refiere a cuán bien una muestra de ítems de un instrumento de evaluación (como cuestionarios, pruebas e inventarios) constituye una definición operativa adecuada de un constructo.

Es importante destacar que la validez de contenido se enfoca en las características de un instrumento de medición (pruebas, cuestionarios, inventarios) y no en las puntuaciones obtenidas. Las inferencias sobre la validez de contenido de un instrumento surgen de su proceso de construcción, antes de obtener las puntuaciones. Además, la evidencia de validez de contenido, según Delgado-Rico, Carretero-Dios y Ruch

(2012), no solo ayuda a definir conceptualmente el interés, sino que también establece las bases para una explicación adecuada de la varianza en las puntuaciones obtenidas.

Para estimar el grado en que una muestra de ítems representa una definición operativa adecuada del constructo de interés (validez de contenido), los especialistas en medición se basan en dos conceptos clave para formar una estructura conceptual básica: representatividad y relevancia. Según *American Psychological Association*, *American Educational Research Association* y *National Council on Measurement in Education*, estos conceptos son fundamentales. Haynes, Richard y Kubany (1995) explican que la relevancia de un instrumento de evaluación se refiere a la adecuación de sus elementos para el constructo objetivo y la función de evaluación, y que la representatividad de un instrumento de evaluación se refiere al grado en que sus elementos son proporcionales a las facetas del constructo objetivo.

Metodología

Los métodos para estimar la validez de contenido en la investigación son variados. Según Haynes, Richard y Kubany (1995), la validación de contenido es un proceso multimétodo, tanto cuantitativo como cualitativo, aplicable a todos los elementos de un instrumento de evaluación. En las etapas iniciales de desarrollo del instrumento, el objetivo de la validación de contenido es minimizar la varianza de error potencial asociada con el instrumento y aumentar la probabilidad de obtener índices favorables de validez de constructo en estudios futuros. Debido a que las fuentes de error varían según el constructo objetivo, el método de evaluación y la función de evaluación, los métodos de validación de contenido también variarán en función de estas dimensiones. Aunque la validez de contenido puede estimarse desde marcos cuantitativos o cualitativos, como señalaron Haynes, Richard y Kubany (1995), en la literatura sobre desarrollo de instrumentos de medición se destaca que la validez de contenido es en gran medida una cuestión de juicio, que implica dos fases distintas: esfuerzos iniciales por parte del desarrollador del instrumento para mejorar la validez de contenido a través de una conceptualización y análisis cuidadosos del dominio antes de la generación de ítems, y esfuerzos posteriores para evaluar la relevancia del contenido de la escala mediante la evaluación de expertos (Polit & Beck, 2006).

Respecto a estas dos fases identificadas por Polit y Beck (2006), existen varias pautas útiles en la literatura sobre desarrollo de instrumentos para definir el dominio y las facetas del constructo objetivo y someterlos a validación de contenido a través de la evaluación de expertos (Crocker & Algina, 1986; DeVellis, 1991; Haynes et al., 1995; Osterlind, 1989). Crocker y Algina (1986) identifican pasos específicos para la validación de contenido: 1) definir el dominio de desempeño de interés, 2) seleccionar un panel de expertos calificados en el dominio de contenido, 3) proporcionar un marco estructurado para el proceso de emparejamiento de ítems con el dominio de desempeño y 4) recopilar y resumir los datos del proceso de emparejamiento. El método principal no estadístico utilizado para determinar si un instrumento de medición exhibe validez de contenido es el juicio de expertos. Este método se entiende generalmente como un proceso en el cual un panel de expertos informados expresa una opinión o estimación basada en la intuición y la experiencia en el dominio de contenido. Kimberlin y Winterstein (2008) explican que debido a que no existe una prueba estadística para determinar si una medida cubre adecuadamente un área de contenido o representa un constructo de manera apropiada, la validez de contenido generalmente depende del juicio de expertos en el campo. Sin embargo, este método suele ser complementado por los investigadores con análisis cuantitativos para minimizar los sesgos inherentes al juicio de expertos.

Para evitar este sesgo, el presente estudio se basa en el juicio de expertos complementado con análisis cuantitativos (análisis factorial). Un procedimiento común para la evaluación de contenido por expertos es calificar el grado de ajuste de cada ítem al dominio basándose en dimensiones como relevancia, representatividad, especificidad y claridad (Haynes, Richard y Kubany, 1995). La cuantificación de los juicios de expertos generalmente se realiza mediante escalas Likert, que luego pueden ser sometidas a análisis estadísticos descriptivos e inferenciales. Un paso típico es pedir a los expertos que califiquen la relevancia de cada ítem, generalmente en una escala de 4 puntos. Las opciones de respuesta se representan entonces por dos categorías dicotómicas como relevante y no relevante (Lynn, 1986).

De lo expuesto, se desprende que la validez de contenido, un tipo esencial de validez de constructo y un paso crucial en el desarrollo de nuevos instrumentos de medición en relación con la adecuación del muestreo de ítems, generalmente se estima de manera no estadística a través del juicio de expertos y se complementa con análisis cuantitativos. Por tanto, parece valioso profundizar en las técnicas o enfoques cuantitativos en la validación de contenido.

Enfoques cuantitativos

Los esfuerzos realizados por académicos en el campo del desarrollo de herramientas de medición para complementar el principal método cualitativo de validación de contenido, el juicio de expertos, con métodos cuantitativos, han sido variados. Existe una serie de métodos para determinar cuantitativamente la validez de contenido, incluyendo la proporción de Katz (1957), el *pretest-posttest* de Brown (1986), el Índice de Relevancia de Morris y Fitz-Gibbon (1978), el Índice de Congruencia de Ítems de Rovinelli y Hambleton (1977), la Razón de Validez de Contenido de Lawshe (1975) y las escalas Likert para la calificación de ítems.

Un procedimiento muy popular para estimar cuantitativamente la validez de contenido es el índice de validez (Anderson & Gerbing, 1991), también conocido como método de acuerdo proporcional (método atribuido a Martuza, 1977). En palabras de Wynd, Schmidt y Schaefer (2003), el CVI permite que dos o más evaluadores revisen y evalúen de forma independiente la relevancia de una muestra de ítems para el dominio de contenido representado en una medida. Un investigador luego suma la proporción de casos en los que los evaluadores están de acuerdo y determina la estabilidad de su acuerdo.

Para revisar y evaluar la relevancia de una muestra de ítems, los evaluadores (conocidos como observadores o jueces) usan una escala ordinal tipo Likert, consistente en cuatro posibles respuestas: 1 = no relevante, 2 = algo relevante, 3 = bastante relevante y 4 = muy relevante. Este método no ha estado exento de críticas por parte de investigadores y estadísticos (Cohen, 1960; Waltz & Bausell, 1983). Cohen (1960), por ejemplo, afirma que el método de acuerdo proporcional puede ser engañoso porque incluye acuerdos que pueden atribuirse al azar.

El kappa de Cohen (k) es una alternativa para incorporar en el cálculo el acuerdo que podría darse por casualidad. Según Lynn (1986), otra alternativa para superar la limitación del acuerdo casual con el uso de CVI es utilizar un gran número de expertos (un mínimo de cinco) y emplear un esquema de calificación de cuatro niveles tipo Likert. Aunque ambas alternativas discutidas anteriormente (acuerdo entre evaluadores con el coeficiente kappa de Cohen (k) y el aumento del número de expertos en el uso del índice de validez) parecen métodos razonables para evidenciar la validez de contenido de nuevas herramientas, se insta a los desarrolladores a informar tanto el acuerdo proporcional como el acuerdo entre evaluadores.

Para concluir lo que se ha abordado sobre la validez de contenido, vale la pena destacar ocho aspectos de este tema: primero, aunque hay numerosas definiciones de validez de contenido, la definición más simple es el grado en que una muestra de ítems, que comprende una herramienta de medición, constituye adecuadamente una definición operativa de un constructo abordado por la herramienta; segundo, los conceptos de representatividad y relevancia son de suma importancia para los desarrolladores de herramientas de medición para formar una estructura conceptual básica en la evaluación de la validez de contenido; tercero, la validez de contenido puede estimarse con marcos cuantitativos y cualitativos; cuarto, el principal método no estadístico para estimar la validez de contenido es el juicio de expertos, porque este tipo de validez es en gran medida una cuestión de juicio; quinto, los investigadores a menudo complementan el método de juicio de expertos con análisis cuantitativos (como se hace en este estudio); sexto, hay una variedad de métodos cuantitativos para complementar la evaluación del juicio de expertos, siendo el índice del índice de validez un procedimiento muy popular para estimar cuantitativamente la validez de contenido; y octavo, a menudo se insta a los desarrolladores de herramientas de medición a complementar el índice de validez (acuerdo proporcional) con el acuerdo entre evaluadores.

Después de abordar la validez de contenido, vale la pena dirigirse hacia la validez relacionada con el criterio, que es otro tipo de validez que los académicos e investigadores investigan al desarrollar una escala. Antes de enfocarse en la validez relacionada con el criterio, es importante tener en cuenta, como se señaló anteriormente, que la teoría unificada actual de validez sugiere que todos los tipos de validez son subsumidos por la validez de constructo, siendo la validez relacionada con el criterio, por tanto, una importante evidencia contribuyente de la validez de constructo.

5.3.2. Validad relacionada con el criterio

La validez relacionada con el criterio es otro tipo de validez que los académicos e investigadores consideran al desarrollar un instrumento de medición de investigación. Kimberlin y Winterstein (2008) señalan que la validez relacionada con el criterio proporciona evidencia sobre qué tan bien las puntuaciones en la nueva medida se correlacionan con otras medidas del mismo constructo o constructos subyacentes muy similares que teóricamente deberían estar relacionados.

La validez de criterio se refiere a la medida en que un instrumento (prueba, cuestionario o inventario) mide una variable en comparación con otro estándar o predictor. Involucra la utilización de un estándar bien establecido, conocido como "estándar de oro" definido externamente, para desarrollar un nuevo procedimiento de medición destinado a evaluar el constructo en cuestión. Se espera que este estándar y el nuevo procedimiento de medición estén teóricamente relacionados. Por lo tanto, cuando un instrumento de medición ha demostrado su efectividad en predecir indicadores o criterios de un constructo, se dice que dicho instrumento exhibe validez relacionada con el criterio. Hay dos tipos diferentes de validez de criterio: la validez concurrente y la validez predictiva.

La validez concurrente se ocupa del grado en que las puntuaciones en el instrumento objetivo se correlacionan con puntuaciones en otras variables concurrentes. Kimberlin y Winterstein (2008) explican que, al establecer la validez concurrente, las puntuaciones en un instrumento se correlacionan con puntuaciones en otra medida (estándar) del mismo constructo o un constructo altamente relacionado que se mide concurrentemente en los mismos sujetos. Por ejemplo, una medida de estrategias de aprendizaje debería correlacionarse con medidas existentes de estrategias de aprendizaje. Un requisito para estimar la validez concurrente es que ambas medidas bajo comparación deben administrarse aproximadamente al mismo tiempo.

La validez predictiva se refiere a la capacidad de un instrumento de medición para predecir actitudes, eventos, resultados o comportamientos futuros. Dichas predicciones deben hacerse de acuerdo con la teoría. Para establecer la validez predictiva, los datos se recopilan dos veces en diferentes momentos. La diferencia esencial entre la validez concurrente y predictiva es que, mientras en la primera las puntuaciones de la prueba y las del criterio se obtienen simultáneamente, en la validez predictiva, las medidas del criterio se obtienen en una fecha posterior. A pesar de esta diferencia, ambas formas de validez involucran la correlación entre las puntuaciones del instrumento de medición y algún criterio, utilizando coeficientes de correlación para su establecimiento.

Para recapitular, las últimas líneas se han dedicado a abordar la validez relacionada con el criterio, que, según la teoría unificada de validez, es un tipo de validez subsumida por la validez de constructo. Se observó que este tipo de validez se ocupa de cuán bien un instrumento de medición mide una variable en comparación con otro criterio. Se destacaron dos tipos de validez relacionada con el criterio: la validez concurrente y la validez predictiva, que, aunque similares en su enfoque correlacional, difieren en cuanto a la temporalidad de la obtención de los datos. Para establecer la validez relacionada con el criterio, los desarrolladores de escalas suelen recurrir al índice de coeficiente de correlación para estimar este tipo de validez. Después de abordar la validez de contenido y la validez relacionada con el criterio, es relevante enfocarse en la validez de constructo para ofrecer una visión general de los tres tipos de validez que a menudo consideran los académicos y los desarrolladores de instrumentos de medición (o escalas) en la investigación psicológica y educativa.

5.3.3. Validez de constructo

En la investigación psicológica y educativa, la validez de constructo es uno de los tres tipos de validez a menudo considerados por académicos y desarrolladores de instrumentos de medición. Se asume generalmente que la validez de constructo define adecuadamente el concepto en cuestión con el objetivo de operacionalizarlo de manera directa. Esta forma de validez evalúa la capacidad de un instrumento para medir eficazmente la variable latente, es decir, el fenómeno objeto de investigación. En palabras de Devellis (2003), es el grado en que una medida se 'comporta' de la manera en que el constructo que pretende medir debería comportarse con respecto a medidas establecidas de otros constructos.

La validez de constructo se ve como el tipo principal de validez, como señalan Pérez-Gil, Chacón y Moreno (2000), porque implica un concepto integrador de validez. De hecho, la validez de constructo, según Messick (1980), es en realidad el concepto unificador de validez que integra consideraciones de criterio y contenido en un marco común para probar hipótesis racionales sobre relaciones teóricamente relevantes. Esto indica que cualquier intento de validación es una validación de constructo. Basándose en la visión de la validez de constructo como un concepto integrador de validez, dentro del cual la validez de contenido y la validez relacionada con el criterio son subsumidas por la validez de constructo, Pérez-Gil, Chacón y Moreno (2000) afirman que la validez de constructo puede conceptualizarse como un proceso científico de contraste de hipótesis, donde entraría tanto lo empírico como los juicios racionales: las hipótesis serían las inferencias realizadas a partir de las puntuaciones de los tests y la validación el proceso de acumulación de evidencias que apoyen dichas inferencias, usos o interpretaciones de las puntuaciones del test. Esto sugiere que la validez de constructo se demuestra a partir de la evidencia acumulada de la administración del test (o instrumento) objetivo y no solo a partir de la característica del test.

Métodos para medir la validez de constructo

Existen varios métodos para establecer o estimar la validez de constructo. Al respecto, Brown (2000) afirma que independientemente de cómo se defina la validez de constructo, no hay una única mejor manera de estudiarla. En la mayoría de los casos, se debe demostrar la validez de constructo desde varias perspectivas... la validez de constructo de una prueba debe demostrarse mediante la acumulación de evidencias. Por ejemplo, tomando la definición unificada de validez de constructo, podríamos demostrarla utilizando análisis de contenido, coeficientes de correlación, análisis factorial, estudios ANOVA que demuestren diferencias entre grupos diferenciales o estudios de intervención pretest-posttest, análisis factorial, estudios multirrasgo-multimétodo, entre otros. De la cita anterior, proporcionada por Brown (2000), se puede inferir que la validez de constructo se puede medir desde diferentes perspectivas y a través de diversos procedimientos estadísticos.

Entre las técnicas mencionadas anteriormente por Brown para medir la validez de constructo se encuentra el análisis factorial, que es uno de los métodos estadísticos más populares y ampliamente utilizados en la investigación psicológica y educativa (Bachman, 1990). De hecho, como señalan Beavers et al. (2013), el análisis factorial no es un método estadístico singular, sino más bien un grupo de análisis estadísticos que comparten una metodología y funcionalidad similares. Dado que el análisis factorial es útil para estimar la validez de constructo en el desarrollo de instrumentos de medición, que es un objetivo esencial de este estudio, se dedicará más adelante un espacio más amplio para abordar detalles relevantes del análisis factorial.

Análisis de factores

El análisis factorial es un conjunto de métodos estadísticos enfocados en la reducción de datos o en la detección de estructuras, utilizados por investigadores para estudiar características que no son fácilmente cuantificables. Este grupo de métodos estadísticos se emplea específicamente para minimizar el número de características y descubrir estructuras en las relaciones entre ellas. En el análisis factorial, se asume que diversas características observables presentan patrones de respuesta similares, los cuales están vinculados con una entidad teórica, conocida como variable latente. Por ejemplo, es posible que los estudiantes muestren respuestas parecidas a cuestiones sobre habilidades léxicas, fonológicas y sintácticas, todas asociadas con la competencia lingüística, una característica teórica.

Antes de profundizar en el análisis factorial, es esencial aclarar tres conceptos: 1) un constructo es una cualidad psicológica como la inteligencia, la competencia, la motivación o la aptitud, que no podemos observar directamente pero que inferimos que existe para explicar el comportamiento observable (Nunan, 1992); 2) en metodología de investigación, una característica es un atributo medible que varía entre grupos o individuos. En el contexto del análisis factorial, existen dos tipos de estas: las variables latentes o subyacentes (no medidas directamente), conocidas como factores o dimensiones, y las variables observables; y 3) un factor es una variable no observable que se presupone influye en las variables observables (Albright & Myoung Park, 2009).

Conceptualmente, se distinguen dos técnicas de análisis factorial: el análisis factorial exploratorio y el análisis factorial confirmatorio. Ambas técnicas son fundamentales en este estudio, por lo que se explican a continuación.

El análisis factorial exploratorio es, esencialmente, un conjunto de métodos comunes usados para explorar el patrón subyacente de relaciones entre múltiples variables observables (Baglin, 2014). Los investigadores recurren al análisis factorial exploratorio cuando carecen de una idea preconcebida sobre la estructura o desconocen el número de dimensiones en un conjunto de variables. Específicamente, el análisis factorial exploratorio, como sintetiza Suhr (2012), es una técnica de reducción de características que identifica el número de constructos latentes (dimensiones) y la estructura factorial subyacente de un conjunto de variables. El análisis factorial exploratorio hipotetiza un constructo subyacente, una variable no medida directamente, permitiendo describir e identificar el número de entidades teóricas (factores), estimando factores que influencian las respuestas en variables observables. Tradicionalmente, se ha utilizado para investigar la posible estructura factorial subyacente de un conjunto de variables medidas sin imponer ninguna estructura predefinida en el resultado (Suhr, 2012). Esto demuestra que el análisis factorial exploratorio es vital para explorar o determinar entidades teóricas en un conjunto de variables medidas. Es importante señalar que la relación de cada variable con el factor subyacente se expresa a través de la llamada carga factorial, que indica la correlación entre una variable y un factor.

Cuando se intenta reducir las dimensiones (factores) inherentes en los datos, los investigadores no solo tienen el análisis factorial exploratorio, realizado principalmente con software estadístico convencional como SPSS, sino también una amplia gama de opciones disponibles en paquetes estadísticos comerciales. Por ejemplo, los métodos de factor principal (también llamados eje principal), métodos de máxima verosimilitud y análisis de componentes principales (análisis de componentes principales), siendo este último una alternativa importante debido a su uso generalizado. El análisis de componentes principales es esencialmente un procedimiento de reducción de variables, similar a EFA, utilizado por investigadores cuando consideran que hay cierta redundancia en los datos (esto significa que algunas variables están correlacionadas posiblemente porque miden el mismo constructo). Baglin (2014) describe análisis de componentes principales como un método para sintetizar variables interrelacionadas en menos componentes, preservando la información esencial.

Sin embargo, aunque tanto el análisis factorial exploratorio como análisis de componentes principales se utilizan con fines de reducción de variables, las suposiciones que se pueden hacer con el análisis factorial exploratorio no son las mismas que las que se pueden hacer con análisis de componentes principales. Baglin (2014) aclara que el análisis factorial explora la estructura factorial subyacente que explica las relaciones entre las variables observadas. Por otro lado, análisis de componentes principales se emplea para sintetizar un conjunto grande de variables interrelacionadas en un conjunto más reducido de componentes, minimizando la pérdida de información. En otras palabras, en análisis de componentes principales se analiza toda la varianza de las variables observadas, mientras que en el análisis factorial exploratorio solo se considera la varianza compartida (Brown, 2006; Hatcher, 1994). Por lo tanto, a diferencia del análisis factorial exploratorio, el análisis de componentes principales no se enfoca en explicar la estructura factorial subyacente de la población de los datos.

Un desafío que a menudo enfrentan los desarrolladores de escalas al tratar con procedimientos de reducción de variables (análisis factorial exploratorio o análisis de componentes principales) es decidir el número adecuado de elementos requeridos para interpretar adecuadamente la escala. La importancia de esta decisión ha captado la atención de muchos académicos en el campo del desarrollo de escalas (Fabrigar, Wegener, MacCallum y Strahan, 1999; Hayton, Allen y Scarpello, 2004). Dado que esta decisión no es fácil, se han propuesto diversos métodos para ayudar a los desarrolladores de escalas a determinar el número apropiado de factores. Los dos métodos más populares son el criterio de Kaiser (también conocido como criterio Kaiser-Guttman) y la prueba de Cribado. Estos métodos se basan en la inspección de los autovalores de la matriz de correlación, donde un autovalor representa conceptualmente la cantidad de varianza explicada por un factor.

El criterio de Kaiser, sugerido por Guttman y adaptado por Kaiser, se usa para determinar el número de factores en la etapa de extracción de variables (Guttman, 1954; Kaiser, 1960). Surh (2003) explica que este criterio considera como factores comunes aquellos con un autovalor mayor que uno. Por otro lado, la prueba de Cribado, propuesta por Cattell (1966), es un método gráfico para determinar el número óptimo de factores. Pallant (2010) describe este método como el trazado de los autovalores de los factores para identificar un cambio en la dirección de la curva, recomendando retener todos los factores por encima de este punto de inflexión. Las tramas de cribado son herramientas visuales que se asumen ayudan a determinar el número de factores importantes en configuraciones multivariadas (Bryant y Yarnold, 1995).

Para consolidar lo presentado sobre el análisis factorial exploratorio, es relevante destacar que existen diversas técnicas o enfoques para ayudar a los investigadores a determinar el número óptimo de factores a retener. Estas técnicas también actúan como reglas de detención, indicando a los investigadores cuándo deben dejar de agregar factores. El criterio de Kaiser y la prueba de Cribado son técnicas populares para determinar cuántos factores retener. Aunque hay varios métodos, Brown (2009) señala que no existe un método único y correcto. Él argumenta que el truco está en presentar un conjunto sólido de razones para seleccionar un número específico de factores en un análisis concreto. Esto no es una decisión clara basada en preguntas de sí/no; hay un arte en decidir y justificar por qué se eligió un número específico de componentes o factores. Además, se reconoce que la decisión sobre cuántos factores retener se basa a menudo en el objetivo de explicar tanta varianza como sea posible, asumiendo un modelo parsimonioso (es decir, reteniendo la menor cantidad de variables significativas posible). Hay consenso en la literatura en que tanto el subfactoreo como el sobrefactoreo pueden análisis factorial exploratorioctar significativamente la interpretabilidad de los factores y, por ende, los resultados del fenómeno estudiado (Comrey & Lee, 1992; Fava & Velicer, 1992; Wood, Tataryn & Gorsuch, 1996). Las razones para mantener este consenso incluyen que extraer muy pocos factores puede llevar a soluciones distorsionadas y que extraer demasiados puede degradar un factor verdadero o inducir la creación de falsos factores con poco valor teórico (Comrey & Lee, 1992; Gorsuch, 2003).

Una vez que un investigador ha determinado el número óptimo de factores, el siguiente paso es interpretarlos. Para mejorar la interpretabilidad de los factores, los investigadores suelen realizar una rotación factorial. Este procedimiento, empleado en este estudio para facilitar la interpretación de los factores, fue inicialmente recomendado por Thurstone (1947) y Cattell (1978) por su capacidad para simplificar la estructura factorial y hacerla más comprensible y fiable. La rotación ha sido ampliamente definida en el campo del análisis factorial y de componentes principales. Brown (2009), por ejemplo, presenta cuatro definiciones de rotación de diferentes académicos y luego proporciona la suya propia. Las definiciones citadas por Brown (2009) incluyen: 1) realizar cálculos para obtener un nuevo conjunto de cargas factoriales (McDonald, 1985); 2) un proceso en el cual los eigenvectores (factores) son rotados para lograr una estructura simple (Bryant & Yarnold, 1995); 3) métodos que relacionan los factores calculados con entidades teóricas, variando si se consideran correlacionados o no (Vogt, 1993); y 4) rotación de ejes factoriales identificados para obtener factores simples e interpretables (Yaremko et al., 1986). Posteriormente, Brown (2009) define la rotación como una variedad de métodos usados para analizar más a fondo los resultados iniciales del análisis de componentes principales o el análisis factorial exploratorio con el objetivo de clarificar el patrón de cargas. De estas definiciones, se infiere que la rotación se refiere a procedimientos por los cuales los ejes factoriales se ajustan para revelar una estructura simple y facilitar la interpretabilidad de los factores. Específicamente, la rotación maximiza la carga de cada variable en uno de los factores extraídos, mientras minimiza las cargas en todos los demás factores.

Hay dos tipos principales de métodos de rotación en el análisis factorial: rotaciones oblicuas y rotaciones ortogonales. Las rotaciones oblicuas, utilizadas en este estudio, permiten la correlación entre factores, mientras que las rotaciones ortogonales asumen que los factores no están correlacionados. Según Bryman y Cramer (2008), una ventaja de las rotaciones ortogonales es que la información proporcionada por los factores no es redundante. No obstante, señalan que una desventaja es que los factores podrían estar relacionados en la realidad, y la estructura factorial podría no representar con precisión lo que ocurre. Respecto a las rotaciones oblicuas, mencionan que su ventaja es que pueden reflejar más precisamente la realidad, pero su desventaja es que, si los factores están relacionados, conocer los valores de uno podría permitir predecir los de otros. Pallant (2010) observa que los enfoques ortogonal y oblicuo a menudo resultan en soluciones similares, especialmente cuando el patrón de correlaciones entre los ítems es claro.

Dentro de estos dos métodos de rotación, existen varias técnicas estadísticas. Por ejemplo, Brown (2009) menciona que hay alrededor de 15 métodos oblicuos diferentes. En cuanto a las rotaciones ortogonales, las cuatro técnicas estadísticas principales son varimax, equamax, orthomax y quartimax. Varimax, la técnica más utilizada y empleada en este estudio, se destaca por identificar claramente los factores, maximizando la varianza dentro de cada factor (Bryman y Cramer, 2008). Ho (2006) señala que, al elegir entre rotación ortogonal y oblicua, no hay una razón analítica convincente para favorecer un método sobre el otro, destacando la ausencia de reglas estrictas para esta decisión. Algunos académicos, como Pallant (2010) y Tabachnick y Fiddell (2007), sugieren comenzar con una rotación oblicua, mientras que Goldberg y Digman (1994) recomiendan rotaciones oblicuas para factores de nivel inferior y ortogonales para factores de nivel superior.

Hasta ahora, el enfoque ha estado en el análisis factorial exploratorio y técnicas relevantes para determinar el número óptimo de factores. Ahora, es momento de centrarse en el análisis factorial confirmatorio, el otro tipo principal de análisis factorial. Los investigadores que usan el análisis factorial exploratorio a menudo lo complementan con análisis factorial confirmatorio. Baglin (2014) explica que los investigadores utilizan el análisis factorial exploratorio para hipotetizar y luego confirman mediante análisis factorial confirmatorio el modelo que explica las interrelaciones entre las variables. Albright y Myoung Park (2009) describen análisis factorial confirmatorio como impulsado por la teoría o la hipótesis, permitiendo probar estructuras factoriales específicas y proporcionando medidas de bondad de ajuste sin calcular puntuaciones factoriales. El análisis factorial confirmatorio, por lo tanto, se utiliza para confirmar o verificar hipótesis sobre estructuras factoriales propuestas.

Para distinguir las dos categorías amplias del análisis factorial, el análisis factorial exploratorio y el análisis factorial confirmatorio, Kline (2013) destaca cinco aspectos clave en los que el análisis factorial exploratorio difiere del análisis factorial confirmatorio, facilitando así una mejor comprensión de estos dos métodos en la medición de la validez de constructo:

1) En el análisis factorial exploratorio, se estiman modelos de

medición no restringidos, mientras que en análisis factorial se analizan modelos de medición restringidos. Esto implica que, en análisis factorial confirmatorio, el investigador debe especificar explícitamente la correspondencia entre indicadores y factores, lo cual no es una opción en el análisis factorial exploratorio.

2) Los modelos del análisis factorial exploratorio no están identificados, lo que significa que no existe un conjunto único de estimaciones estadísticas para un modelo específico, especialmente en la fase de rotación. Por el contrario, los modelos de análisis factorial confirmatorio deben estar identificados antes del análisis, y, por ende, no incluyen una fase de rotación.

3) El análisis factorial exploratorio asume que la varianza específica de cada indicador es única y no compartida con otros indicadores. En análisis factorial confirmatorio, dependiendo del modelo, se puede estimar si la varianza específica se comparte entre pares de indicadores.

4) La salida del análisis factorial confirmatorio incluye numerosas estadísticas de ajuste que evalúan la adecuación del modelo completo a los datos. Por otro lado, el análisis factorial exploratorio generalmente no proporciona estadísticas de ajuste en los programas informáticos estándar como SPSS y SAS/STAT, aunque programas más especializados como Mplus pueden ofrecer ciertos tipos de estadísticas de ajuste para el análisis factorial exploratorio.

5) El análisis factorial exploratorio está disponible en muchas herramientas informáticas para análisis estadísticos generales, como SPSS y SAS/STAT. En cambio, para el análisis factorial confirmatorio, que es una técnica de modelado de ecuaciones estructurales, se requieren herramientas informáticas más especializadas.

De la distinción presentada entre análisis factorial exploratorio y el análisis factorial confirmatorio, se entiende que se utiliza análisis factorial exploratorio cuando no existe una idea predefinida sobre la estructura o el número de dimensiones en un conjunto de variables. Por otro lado, se utiliza el análisis factorial confirmatorio para probar hipótesis específicas sobre la estructura o el número de dimensiones subyacentes en un conjunto de variables. Por ejemplo, si se hipotetiza que un conjunto de datos contiene dos dimensiones, se usaría el análisis factorial confirmatorio para verificar esta hipótesis.

En resumen, las discusiones recientes han girado en torno a la validez de constructo. A lo largo de esta revisión, se han abordado los principales métodos de medición de la validez de constructo, con un enfoque especial en el análisis factorial. Se ha observado que, en las últimas décadas, los tres tipos principales de validez - 'validez de contenido', 'validez de criterio' y 'validez de constructo' - han sido integrados en una concepción más holística de la validez de constructo.

Se discutieron los tres tipos principales de validez a la luz de la literatura prominente. Respecto a la validez de contenido, se señaló que esta se refiere a qué grado una muestra de ítems en un instrumento de medición representa adecuadamente la definición operativa de un constructo. Se abordaron métodos destacados para estimar la validez de contenido, resaltando que, aunque en gran medida depende del juicio, particularmente del método de juicio de expertos, puede estimarse tanto cualitativa como cuantitativamente. En relación con la 'validez de criterio', se mencionó que este tipo de validez se basa en la correlación entre las puntuaciones en una nueva medida y otras medidas del mismo constructo o constructos similares, según Kimberlin y Winterstein (2008). Se destacaron dos tipos de validez de criterio: concurrente y predictiva. La validez concurrente trata sobre las puntuaciones obtenidas simultáneamente, mientras que la validez predictiva se refiere a puntuaciones que predicen actitudes, eventos, resultados o comportamientos futuros.

En cuanto a la validez de constructo, se destacó como el tipo más integral de validez, ya que engloba un concepto amplio de validez. De la literatura revisada, se dedujo que la validez de constructo define y operacionaliza adecuadamente el constructo en cuestión. Se concluyó que hay una variedad de métodos para medir la validez de constructo, con un enfoque especial en el análisis factorial. Dado el papel prominente del análisis factorial en estos métodos, se prestó especial atención a EFA y análisis factorial confirmatorio. Baglin (2014) define análisis factorial exploratorio como un conjunto de métodos comunes utilizados para explorar el patrón subyacente de relaciones entre múltiples variables observadas. Dentro de análisis factorial exploratorio, los dos métodos más populares para extraer el número óptimo de factores son el criterio de Kaiser y la Prueba de Cribado.

Tras centrarse en análisis factorial exploratorio y sus métodos de extracción de factores, se abordó la rotación factorial, un procedimiento común para mejorar la interpretabilidad de los factores. Se discutieron brevemente los métodos de rotación oblicua y ortogonal. La última parte de la validez se centró en análisis factorial confirmatorio, presentando lo comúnmente conocido sobre este análisis y mostrando una lista de cinco aspectos en los que análisis factorial exploratorio difiere de análisis factorial confirmatorio, según Kline (2013).

5.4. ANÁLISIS CUALITATIVO

Los criterios comúnmente utilizados para juzgar la solidez de la investigación cualitativa están relacionados con los conceptos de dependabilidad, confirmabilidad, credibilidad y transferibilidad. Estos conceptos, utilizados por Lincoln y Guba (1985) en busca de un estudio confiable, sustituyen a los conceptos de "fiabilidad" y "validez", altamente vinculados a la investigación cuantitativa. Aunque este estudio no se enfoca directamente en los conceptos de dependabilidad, confirmabilidad, credibilidad y transferibilidad, estos se pueden entender en relación con sus equivalentes en la investigación cuantitativa, por lo que se ofrece una revisión breve de estos conceptos.

Dependabilidad

En la investigación cualitativa, el estándar de dependabilidad, comparable con la fiabilidad en la investigación cuantitativa, se define a menudo como la estabilidad o consistencia de los datos a lo largo del tiempo y en diferentes condiciones. Aborda cómo el investigador documenta las condiciones cambiantes en cualquier entorno y los ajustes en el diseño de la investigación. Según Brown (2004), la dependabilidad requiere que los investigadores den cuenta de cualquier condición cambiante directamente relacionada con su estudio y de cualquier modificación en el diseño de su investigación a medida que ha progresado. Así, para evidenciar la dependabilidad, el investigador debe registrar cualquier cambio en el entorno y en el diseño de la investigación.

Confirmabilidad

Según Lincoln y Guba (1985), el estándar de confirmabilidad es sinónimo de objetividad. Se refiere a qué tan bien los hallazgos de la investigación están respaldados por los datos recopilados. Es decir, la confirmabilidad evalúa hasta qué punto los hallazgos de un estudio son objetivos, neutrales y no influenciados por la motivación o intereses del investigador. Brown (2004) señala que la confirmabilidad requiere que los investigadores revelen completamente los datos en los que basan sus interpretaciones o los hagan accesibles. Un método importante para lograr la confirmabilidad es la triangulación, el uso de múltiples perspectivas o fuentes para interpretar un único conjunto de datos, lo que aumenta la objetividad y neutralidad de las interpretaciones.

Credibilidad

Este estándar en la investigación cualitativa, relacionado con

la validez interna en la investigación cuantitativa, se centra en cuán congruentes son los hallazgos de la investigación con el fenómeno bajo estudio. Brown (2004) indica que la credibilidad requiere que los investigadores demuestren que maximizaron la precisión de sus definiciones y descripciones de las personas o cosas bajo investigación.

La transferibilidad en la investigación cualitativa, estrechamente relacionada con el concepto de generalizabilidad, se refiere al grado en que los hallazgos y conclusiones de una investigación pueden aplicarse o transferirse a otras situaciones y poblaciones. Lincoln & Guba (1985) destacan este concepto como una característica clave en la investigación cualitativa. Para mejorar la transferibilidad, Brown (2004) sugiere que los investigadores deben describir detalladamente el diseño de la investigación, el contexto y las condiciones, permitiendo así que los lectores determinen si los resultados son aplicables a otros contextos con los que estén familiarizados. Por tanto, el estándar de transferibilidad, también conocido como comparabilidad, corresponde a lo que en la investigación cuantitativa se conoce como validez externa.

Las secciones anteriores de este capítulo han abordado las tradiciones y métodos de investigación en lingüística aplicada, así como los criterios de calidad más importantes utilizados en la investigación cuantitativa y cualitativa para evaluar la solidez de los estudios. Bajo el enfoque cuantitativo, los cuatro criterios de calidad principales son fiabilidad, replicabilidad, validez y generalizabilidad. En el enfoque cualitativo, estos se corresponden con dependabilidad, confirmabilidad, credibilidad y transferibilidad. Es importante recordar que este estudio utiliza los conceptos cuantitativos de fiabilidad y validez para evaluar las propiedades psicométricas del instrumento COBALTALI. Además, se anticipa que para estimar las propiedades de validez del COBALTALI también se utilizará el juicio de expertos, un procedimiento común en la investigación cualitativa para demostrar la credibilidad.

Bibliografía

Abdolahzadeh, E. & Nia, M. R. (2014). Language Learning Beliefs of Iranian Learners: Examining the Role of English Language Proficiency. ProcediaSocial and Behavioral Sciences, 98, 22-28.

Abedini, A., Rahimi, A., & Zare-ee, A. (2011). Relationship between Iranian EFL learners' beliefs about language learning, their language learning strategy use and their language proficiency. Procedia Social and BehavioralSciences, 28, 1029 - 1033.

Akram, M., & Ghani, M. (2013). Gender and Language Learning Motivation. Academic Research International, 4(2), 536-540.

Albright, J. & Myoung Park, H. (2009). Confirmatory Factor Analysis Using Amos, LISREL, Mplus, and SAS/STAT CALIS. Working Paper. The University Information Technology Services (UITS) Center for Statistical and Mathematical Computing, Indiana University.

Alexander, P., & Dochy, F. (1995). Conceptions of knowledge and beliefs: A comparison across varying cultural and educational communities. American Educational Research Journal, 32(2), 413-442.

Allen, L. (1996). The evolution of a learner´s belief about language learning. Carleton Papers in Applied Language Studies, 13, 67-80.

Altan, M. Z. (2006). Beliefs about language learning of foreign language-major university students.Australian Journal of Teacher Education, 31, 45-52.

Anastasi, A. (1976). Psychological tests. New York: Macmillan.

Anderson, J. & Gerbing, D. (1991). Predicating the Performance of measures in a Confirmatory Factor Analysis with a Pretest Assessment of their Substantive Validities. Journal of Applied Psychology, 76, 732-740.

Anthony, E. (1963). Approach, method and technique. English Language Teaching, 17, 63-57

Arenas, J. (2011). La relación entre las creencias y el incremento del filtro afectivo en el aprendizaje de inglés como lengua extranjera. Voces Y Silencios: Revista Latinoamericana de Educación, 2(2).

Ariani, M. G., & Ghafournia, N. (2015). The Relationship between Socioeconomic Status and Beliefs about Language Learning: A Study of Iranian Postgraduate EAP Students. English Language Teaching, 8(9), 17- 25.

Avella, C. & Camargo, D. (2010). Exploring student´s beliefs about learning English in two public institutions. Cuadernos de Lingüística Hispánica, 15, 77-92.

Ayala, J., & Álvarez, J. A. (2005). A perspective of the implications of the Common European Framework implementation in the Colombian sociocultural context. Colombian Journal of Applied Linguistics, 7, 7-26.

Babbie, E. (1995). The practice of social research (7th ed.). Belmont, CA: Wadsworth.

Bachman, L. (1990). Fundamental Considerations in Language Testing. Oxford: Oxford University Press.

Bachman, L. F. (2004). Statistical analyses for language assessment. New York, NY: Cambridge University Press.

Bacon, S., & Finnemann, M. (1990). A study of attitudes, motives and strategies of university foreign language students and their disposition to authentic oral and written input. Modern Language Journal, 74(4), 459–473.

Bacon, S., & Finnemann, M. (1992). Sex differences in self-reported beliefs about language learning and authentic oral and written input. Language Learning, 42(4), 471-495.

Bagherzadeh, H. (2011). Language learning beliefs of non-English majors: Examining the role of English language proficiency. Journal of Language Teaching and Research, 3, 784-792.

Baglin, J. (2014). Improving Your Exploratory Factor Analysis for Ordinal Data: A Demonstration Using FACTOR. Practical Assessment, Research & Evaluation, 19 (5).

Barcelos, A. M. F. (2003). Researching beliefs about SLA: a critical review. In P. Kalaja & A. M. F. Barcelos (Eds.), Beliefs about SLA: New research approaches (pp.7-33). Dordrecht: Kluwer.

Barcelos, A. M. F. (2008). Teachers´ and Students´ beliefs within a deweyean framework: Conflict and influence. In P. Kalaja and S.M.F. Barcelos (eds) Beliefs about SLA: New Research Approaches (pp.171-199). Deventer: Kluwer Academic.

Bartlett, M. S. (1950). Tests of significance in factor analysis. British Journal of Psychology 3(2): 77-85.

Beavers, A., Lounsbury, J., Richards, J., Huck, S., Skolits, G., & Esquivel, S. (2013). Practical considerations for using exploratory factor analysis in educational research. Practical Assessment, Research & Evaluation, 18 (6), 1–13.

Bennett-Kastor, T. L. (1994). Repetition in language development: From interaction to cohesion. In B. Johnstone (Ed.), Repetition in discourse: Interdisciplinary perspectives (pp. 155-171). Norwood, NJ: Ablex.

Benson, P. (2001). Teaching and researching autonomy in language learning. Harlow: Pearson Education Limited.

Bernat, E. (2004). Investigating Vietnamese ESL learners' beliefs about language learning. EA Journal, 21(2), 40-54.

Bernat, E. (2007). Bridging the Gap: Teachers´ and learners´ diversity of beliefs in SLA. Proceedings of the 20th English Australia Education Conference, Sydney, September 14 -15.

Bernat, E. & Gvozdenko, I. (2005). Beliefs about language learning:

current knowledge, pedagogical implications, and new research directions. Teaching English as a second or foreign Language, 9(1), 1-21

Bernat, E., & Lloyd, M. (2007). Exploring the gender effect on EFL learners´ beliefs about language learning. Australian Journal of Educational and Developmental Psychology, 7, 79-91.

Bogen, K. (1996). The effect of questionnaire length on response rates: A review of the literature. Washington, C.D.: U.S. Census Bureau.

Borg, S. (1999). Teachers' theories in grammar teaching. ELT Journal, 53(3), 157-167.

Borg, S. (1999). The use of grammatical terminology in the second language classroom: A qualitative study of teachers' practices and cognitions. Applied Linguistics, 20(1), 95-126.

Borg, S. (2001). Self-perception and practice in teaching grammar. ELT Journal, 55(1), 21-29.

Borg, S. (2003). Teacher cognition in language teaching: A review of research on what language teachers think, know, believe, and do. Language Teaching, 36, 81-109.

Borg, S. (2006). Teacher cognition and language education: Research and practice. London: Continuum.

Bramald, R., Hardman, F., & Lear, D. (1995). Initial teacher trainees and their views of teaching and learning. Teaching and Teacher Education, 11(1), 23-31.

Brecht, R. & Robinson, J. (1993). Qualitative analysis of second language acquisition in study abroad: The ACTR/NFLC Project. Washington, D.C. National Foreign Language Center.

Breen, M. P., Hird, B., Milton, M., Oliver, R., & Thwaite, A. (2001). Making sense of language teaching: Teachers' principles and classroom practices. Applied Linguistics, 22(4), 470-499.

Brennan, P. & Hays, B. (1992). The kappa statistic for establishing interrater reliability in the secondary analysis of qualitative clinical data. Research in Nursing & Health, 15, 153-158

Brookhart, S., & Freeman, D. (2001). Characteristics of entering teacher candidates. Review of Educational Research, 62(1), 37-60.

Brown, A. (2003). Interviewer variation and the co-construction of speaking proficiency. Language Testing, 20(1), 1-25.

Brown, C. (1976). Error analysis: A hard look at method in madness. Utah Language Quarterly, 1(3),14-26.

Brown, H. D. (1994). Teaching by principles: An interactive approach to language pedagogy. Englewood Cliffs, NJ:Prentice Hall Regents.

Brown, H. D. (2001). Teaching by principles: An interactive approach to language pedagogy (2nd ed.). Englewood Cliffs, NJ: Prentice Hall Regents.

Brown, J. D. (1995). English language entrance examinations in Japan: Myths and facts. The Language Teacher, 19(10), 21-26.

Browne, C. M., & Wada, M. (1998). Current issues in high school English teaching in Japan: An exploratory survey. Language, Culture, and Curriculum, 11, 97-112.

Bruner, J. (1996). The culture of education. Cambridge, MA: Harvard University Press. Burgess, J., & Etherington, S. (2002). Focus on grammatical form: Explicit or implicit? System, 30, 433-458.

Buchmann, M., & Schwille, J. (1983). Education: The overcoming of experience. American Journal of Education, 92, 30-51.

Buehl, M., Alexander, P., & Murphy, P. (2002). Beliefs about schooled knowledge: Domain specific or domain general? Contemporary Educational Psychology, 27, 415- 449.

Burns, A. (1996). Starting all over again: From teaching adults to teaching beginners. In D. Freeman & J. C. Richards (Eds.), Teacher learning in language teaching (pp. 154-177). Cambridge: Cambridge University Press.

Butler, Y. G., & Iino, M. (2005). Current Japanese reforms in English language education: The 2003 "Action Plan". Language Policy, 4, 25-45.

Butzkamm, W. (2003). We only learn language once. The role of the mother tongue in FL classrooms: death of a dogma. Language Learning Journal, 28(1), 29-39.

Byram, M. (2000). Routledge Encyclopedia of Language Teaching and Learning, London: Routledge.

Byrne, B. M. (2001). Structural equation modeling with AMOS: Basic concepts, applications, and programming. Mahwah, NJ: Erlbaum.

Cabaroglu, N., & Roberts, J. (2000). Development in student teachers′ preexisting beliefs during a 1-year PGCE program. System, 28(3), 387–402.

Calderhead, J. (1996). Teachers: Beliefs and knowledge. In D. Berliner & R. Calfee (Eds.), Handbook of educational psychology (pp. 709-725). New York: Macmillan.

Cameron, L. (2001). Teaching languages to young learners. Cambridge: Cambridge University Press.

Campbell, C., Shaw, V., Plageman, M., & Allen, T. (1993). Exploring student beliefs about language learning. In W.N. Hatfield (Ed.), Vision and reality in foreign language teaching: where we are, we are going. Lincolnwood, IL: National Textbook Company.

Canagarajah, A. S. (2011). Codemeshing in academic writing: Identifying teachable strategies of translanguaging. The Modern Language Journal, 95(3) 401–417.

Canale, M., & Swain, M. (1980). Theoretical bases of communicative approaches to second language teaching and testing. Applied Linguistics, 1, 1-47.

Carless, D. (2004). Issues in teachers' reinterpretation of a task-based innovation in primary schools. TESOL Quarterly, 38, 639-662.

Carroll, J. B. (1967). Foreign Languages Proficiency Levels Attained by Language Majors near Graduation from College. Foreign Language Annals. 1, 131-151.

Cattell, (1978). The scientific use of factor analysis. New York: Plenum.

Cattell, R. B. (1966). The scree test for the number of factors. Multivariate Behavioral Research, 1, 245-276.

Celce-Murcia, M. (1991). Grammar pedagogy in second and foreign language teaching. TESOL Quarterly, 25, 439-480.

Cenoz, J., & Lecumberri, L. G. (1999). The acquisition of English pronunciation: learners' views. IJAL, 9(1), 3-17.

Chang, C., & Shen, M. (2010). The effects of beliefs about language learning and learning strategy use of junior high school EFL learners in remote districts. Research in Higher Education Journal, 8, 1-8.

Chapelle, C. A. (1999). Research questions for a CALL research agenda: A reply to Rafael Salaberry. Language Learning and Technology, 3(1), 108-113.

Clandidin, D. J., & Connelly, F. M. (2000). Narrative inquiry: Experience and story in qualitative research. San Francisco: Jossey Bass.

Clandidin, D., & Connelly, F. (1996). Teachers' professional knowledge landscapes: Teacher stories-stories of teachers-school stories-stories of schools. Education Research, 25, 29-30.

Clandinin, J., & Connelly, F. M. (1987). Teachers' personal knowledge: What counts as 'personal' in studies of the personal. Journal of Curriculum Studies, 19, 487-500.

Clark, C. M., & Peterson, P. L. (1986). Teachers' thought processes. In M. C.

Clark, L. A., & Watson, D. (1995). Constructing validity: Basic issues in objective scale development. Psychological Assessment, 7, 309-319.

Connelly, F., & Clandinin, D. (1990). Stories of experience and narrative inquiry. Educational Researcher, 19(5), 2-14.

Cook , G. (1994). Discourse and Literature. Oxford :OUP Cortazzi, M., & Jin, L. X. (1996).Cultures of learning: Language classrooms in China. In H. Coleman (Ed.), Society and the Language Classroom (pp. 169-206). Cambridge: Cambridge University Press.

Cook, B. J. (1999). Islamic versus western conceptions of education: reflections on Egypt. International Review of Education, 45(3/4), 339–357.

Cortazzi, M., & Jin, L. (1996). English teaching and learning in China. Language Teaching, 29(1), 61-80.

Cotterall, S. (1995). Developing a course strategy for learner autonomy. ELT Journal 49(3), 219-27

Cotterall, S. (1999). Key variables in language learning: what do learners believe about them? System, 27(4), 493-513.

Crocker, L., & Algina, J. (1986). Introduction to classical and modern test theory. Philadelphia: Harcourt Brace Jovanovich College Publishers.

Crookes, G., & Arakaki, L. (1999). Teaching idea sources and work conditions in an ESL program. TESOL Journal, 8(1), 15-19.

Daif-Allah, A. (2012). Beliefs about foreign language learning and their relationship to gender. English Language Teaching, 5(10), 20-33.

Green, S. B., & Salkind, N. J. (2004). Using SPSS for Windows and Macintosh: Analyzing and understanding data (4th ed.). Upper Saddle River, NJ: Pearson Education.

Guest, M. (2008). A comparative analysis of the Japanese university entrance Senta Shiken based on a 25-year gap. JALT Journal, 30(1), 85-104.

Guskey, T. R. (1988). Teacher efficacy, self-concept, and attitudes toward the implementation of instructional innovation. Teaching and Teacher Education, 4(1), 63-69.

Halliday, M. A. K. (1978). Language as a social semiotic: The social interpretation of language and meaning. Baltimore: University Park.

Hato, Y. (2005). Problem in top-down goal setting in second language education: A case study of the "Action Plan to cultivate 'Japanese with English abilities'". JALT Journal, 27(1), 33-52.

Hawatt, A. P. R. (1984). A history of English language teaching. Oxford: Oxford University Press.

Hino, N. (1988). Yakudoku: Japan's dominant tradition in foreign language learning. JALT Journal, 10(1), 45-55.

Holliday, A. (1992). Tissue rejection and informal orders in ELT projects: Collecting the right information. Applied Linguistics, 13(4), 403-424.

Holliday, A. (1994). Appropriate methodology and social context. Cambridge: Cambridge University Press.

Holliday, A. (1997). Six lessons: Cultural continuity in communicative language teaching. Language Teaching Research, 1(3), 212-238.

Hurrell, A. (1999). The four language skills: The whole works! In P. Driscoll, & D. Frost (Eds.), The teaching of modern foreign languages in the primary school (pp. 67-87). London: Routledge.

Izard. M., & Smith, P. (1982). Between belief and transgression: Structuralist essays in religion, history and myth. Chicago: The University of Chicago Press.

Johnson, J. S., & Newport, E. L. (1990). Critical Period Effects in Second Language Learning. The Influence of Maturational State on the Acquisition of English as a Second Language. Cognitive psychology, 31(1), 60-99.

Johnson, K. (1992). The relationship between teachers' beliefs and practices during literacy instruction for non-native speakers of English. Journal of Reading Behavior, 24(1), 83-108.

Kaiser, H. F. (1960). The application of electronic computers to factor analysis. Educational and Psychological Measurement, 20, 141-151.

Kuder, G. F. & Richardson, M. W. (1937). The theory of estimation of test reliability. Psychometrika, 2, 151–160.

Lamie, J. M. (2000). Teachers of English in Japan: Professional development and training at a crossroads. JALT Journal, 22(1), 27-45.

Larsen-Freeman, D. (2003). Teaching language: From grammar to grammaring. Boston: Heinle.

Law, G. (1995). Ideologies of English language education in Japan. JALT Journal, 17(2), 213-224.

Lawshe, C. H. (1975). The quantitative approach to content validity. Personnel Psychology, 28, 563—575.

Li, D. (1998). It's always more difficult than you plan and imagine: Teachers' perceived difficulties in introducing the communicative approach in South Korea. TESOL Quarterly, 32(4), 677-703.

Linacre, J. M. (1999). Investigating rating scale category utility. Journal of Outcome Measurement, 3, 103-122.

Linacre, J. M. (2002). Optimizing rating scale category effectiveness. Journal of Applied Measurement, 3, 85-106.

Linacre, J. M. (2007). A user's guide to WINSTEPS: Rasch-model computer program. Chicago: MESA Press.

Linacre, J. M., & Wright, B. D. (2007). WINSTEPS: Multiple-choice, rating scale, and partial credit Rasch analysis [Computer software]. Chicago: MESA Press.

Lincoln, Y. S., & Guba, E. G. (1985). Naturalistic inquiry. Newbury Park, CA: Sage Publications.

Littlewood, W. (2004). The task-based approach: Some questions and suggestions. ELT Journal, 58(4), 319-326.

Littlewood, W., & Liu, N. F. (1996). Hong Kong students and their

English. Hong Kong: Macmillan.

Liu, S. H. (2010). Correlation between teachers´ pedagogical beliefs and teaching activities on technology integration. In: Global learn Asia Pacific 2010-Global Conference on learning and technology. May 17–20, 2010. Penang, Malaysia.

Long, M. (1983). Does second language instruction make a difference? A review of the research. TESOL Quarterly, 17, 359-382.

Long, M. (1997). Construct validity in SLA research: A response to Firth & Wagner. Modern Language Journal, 81(3), 318–383.

Lyberg, L., Biemer, P., Colins, M., Leeuw, E. d., Dippo, C., & Schwarz, N. (1997). Survey measurement and process quality. New York: Wiley-Interscience.

Lynn, M.R. (1986). Determination and quantification of content validity. Nursing Research, 35, 382–385

MacWhinney, B. (1997). Implicit and explicit processes. Studies in Second Language Acquisition, 19(02), 277-281.

Markee, N. (1997). Second language acquisition research: A resource for changing teachers' professional cultures? The Modern Language Journal, 81(1), 80-93.

Rehearsal: Learning Concrete and Abstract Foreign Words by Experienced and Inexperienced Learners. Language Learning, 47, pp. 507-546.

Richards, J. C., & Rodgers, T. S. (1986). Approaches and methods in language teaching. Cambridge: Cambridge University Press.

Richards, J. C., & Rodgers, T. S. (1996). Approaches and methods in language teaching. Cambridge: Cambridge University Press.

Richardson, V. (1994). Conducting research on practice. Educational Researcher, 23(5), 5-10.

Riessman, C. K. (1993). Narrative analysis. Newbury Park, CA: Sage.

Rubin, J. (1981). The Study of Cognitive Processes in Second Language

Learning. Applied Linguistics. 2, pp. 117-131.

Rubin, J. & Thompson, I. (1994). How to be a Successful Language Learner. Boston, Massachusetts: Heinle & Heinle.

Rudestam, K. E. & Newton, R. R. (1992). Surviving Your Dissertation—A Comprehensive Guide to Content and Process. Newbury Park, London, New Delhi: Sage.

Sakui, K. (2004). Wearing two pairs of shoes: Language teaching in Japan. ELT Journal, 58(2), 155-163.

Sakui, K., & Gaies, S. (1999). Investigating Japanese learners' beliefs about language learning. System, 27, 473-492.

Salili, F. (1996). Accepting Personal Responsibility for Learning. In D. Watkins, & J. Biggs, (Eds.). (1996). The Chinese Learner: Cultural, Psychological and

Samimy, K. K., & Kobayashi, C. (2004). Toward the development of intercultural communicative competence: Theoretical and pedagogical implications for Japanese English teachers. JALT Journal, 26(2), 245-261.

Sasaki, M. (2008). The 150-year history of English language assessment in Japanese education. Language Testing, 25(1), 63-83.

Sato, K., & Kleinsasser, R. (2004). Beliefs, practices, and interactions of teachers in a Japanese high school English department. Teaching and Teacher Education, 20(8), 797-816.

Savignon, S. J. (1983). Communicative competence: Theory and classroom practice. Reading, MA: Addison-Wesley.

Schmitt, N. (1997). Vocabulary Learning Strategies. In: N. Schmitt & M. McCarthy (Eds.), Vocabulary: description, acquisition and pedagogy. Cambridge: Cambridge University Press. pp. 199-277.

Schmitt, N. (1998). Tracking the Incremental Acquisition of Second Language Vocabulary: A longitudinal Study. Language Learning, 48(2), pp. 281-387.

Schmitt, N. (2000). Vocabulary in Language Teaching. Cambridge: Cambridge University Press.

Schmitt, N. & Schmitt, D. (1995). Vocabulary Notebooks: theoretical underpinnings and practical suggestions. ELT, 49/2, pp. 133-143.

Scovel, T. (1982). Questions Concerning the Application of Neurolinguistic Research to Second Language Learning/Teaching. TESL Quarterly, 16(3), pp. 323-331.

Scovel, T. (2001). Learning New Languages: A Guide to Second Language Acquisition. Boston: Heinle & Heinle.

Swetnam, D. (1998). Writing your Dissertation. How to Plan, Prepare and Present Your Work Successfully. Oxford: How to books. pp. 67-76.

Tang, C. (1991). Effective of Different Assessment Methods on Tertiary Students' Approaches to Studying. Unpublished PhD. Dissertation, University of Hong Kong.

Taylor, M. J. (1987). Chinese Pupils in Britain: A Review of Research into the Education of Pupils of Chinese Origin. Philadelphia: NFER-NELSON.

Thomas, B. J. (1991). Advanced Vocabulary and Idiom. Surrey: Nelson.

Thompson, I. (1987). Memory in Language Learning. In A. Wenden & J. Rubin (Eds.), Learner Strategies in Language Learning. New York, London, Toronto, Sydney, Tokyo, Singapore: Prentice Hall. pp. 43-56.

Thornton, F.J. (1988). A Classification of the Semantic Field: Good and Evil in the Vocabulary of English. unpublished PhD Thesis. Glasgow University.

Tinkham, T. (1989). Rote Learning, Attitude, and Abilities: a comparison of Japanese and American students. TESOL Quarterly, 23, pp. 695-698.

Turner, L. (1994). Foundations for Language Teaching: Study Guide.

Melbourne: Deakin University Press.

Uno, A. (2001). Vocabulary Circle Talk. TESOL, 10, p. 34. Van Hell, J. G. & Candia Mahn, A. (1997). Keyword Mnemonics Versus Rote

Victori, M. & Lockhart, W. (1995). Enhancing Metacognition in Self-directed Language Learning. System, 23(2), 223-234.

Wallace, M. J. (1982). Teaching Vocabulary. London: Heinemann.

Wang, Q. & Seth, N. (1998). Self-development through Classroom Observation: Changing perceptions in China. ELT, 52(3), 205-135.

Warren, H. (Ed.) (1994). Oxford Learner's Dictionary of English Idioms. Oxford: Oxford University Press.

Watkins, D. (2000). Learning and Teaching: a cross-cultural perspective. School Leadership and Management, 20/2, pp. 161-173.

Wen, Q & Johnson, R. K. (1997). L2 Learner Variables and English Achievement: A Study of Tertiary-level English Majors in China. Applied Linguistics, 18(1), 27-48.

Wenden, A. (1986). What do second-language learners know about their language learning? A second look at retrospective accounts. Applied Linguistics, 7(2), 186-205.

Wenden, A. (1987). How to be a Successful Language Learner: Insights and Prescriptions from L2 Learners. In A. Wenden & J. Rubin (Eds.), New York, London, Toronto, Sydney, Tokyo, Singapore: Prentice Hall. pp. 103-118.

Wenden, A. (1991). Learner Strategies for Learner Autonomy. New York, London, Toronto, Sydney, Tokyo, Singapore: Prentice Hall.

Wenden, A. (1998). Metacognitive knowledge and language learning. Applied Linguistics, 19(4), 515-537.

Wenden, A. (1999). An Introduction to Metacognitive Knowledge and Beliefs in Language Learning: beyond the basics. System, 27 (4), 435-441.

Wenden, A. & Rubin, J. (Eds.) (1987). Learner Strategies in Language

Learning. New York, London, Toronto, Sydney, Tokyo, Singapore: Prentice Hall.

Widdowson, H.G. (1979). Teaching Language as Communication. Oxford: Oxford University Press.

Wilkins, D.A. (1972). Linguistics in Language Teaching. London: Edward Arnold.

Wilkins, D.A. (1976). National Syllabuses. Oxford: Oxford University Press.

Wilkinson, K. (2002). Chinese Language, Life & Culture. London: Hodder & Stoughton.

Willis, J. (1996). A framework for task-based learning. Harlow, Essex: Longman.

Wittrock (Ed.), Handbook of research on teaching (3rd ed.). New York: Macmillan.

Wolfe, E. W., & Smith, E. V. Jr. (2007). Instrument development tools and activities for measure validation using Rasch models: Part II-Validation activities. Journal of Applied Measurement, 8(2), 204-234.

Woods, D. (1996). Teacher cognition in language teaching. Cambridge: Cambridge University Press.

Wright, B. D. (2000). Conventional factor analysis vs. Rasch residual factor analysis. Rasch Measurement Transactions, 14(2), 753.

Yalden, J. (1983). The communicative syllabus: Evolution design and implementation. Oxford: Pergamon.

www.ingramcontent.com/pod-product-compliance
Lightning Source LLC
LaVergne TN
LVHW012055160826
845678LV00014B/2841

* 9 7 8 8 4 1 2 7 3 1 9 8 9 *